目指せ! 英語授業の達人

PROFESSIONAL SKILLS FOR ENGLISH TEACHERS

4達人に学ぶ! 究極の英語授業づくり&活動アイデア

瀧沢 広人 著 / 大塚 謙二 著 / 胡子 美由紀 著 / 畑中 豊 著

Hiroto Kenji Miyuki Yutaka

明治図書

▶▶ Preface　はじめに

とある英語研修会での瀧沢広人先生

　右手にペットボトル，左手に紙コップを持って，"There is some water in this bottle. OK?" ペットボトルの水を紙コップに移して，"Is there any water in the cup?" 指名された生徒（役の先生）が，"Yes." すかさず，"Yes, there is." とフォロー。ニコッと笑い，紙コップを逆さまにし，"There is no water in the cup!"「えっ？何で？何で？」と場内騒然。タネは明かせませんが（笑），瀧沢ワールドにどっぷり浸かり，わくわくドキドキしたことを昨日のように覚えています。リズムある動き，適度な繰り返し，度肝を抜く演出。10年以上も前にピコ太郎をやっていたのです。

別の英語研修会での大塚謙二先生

　フラッシュカードで単語の練習。だが，しかし，スピードが半端ないのです。しかもやり方が尋常ではありません。例えば fabulous という単語であれば，大塚先生が "What's the meaning?" と言わない限り，生徒たちは "fabulous" と繰り返さなければならないのです。"fabulous → fabulous，すばらしい → fabulous，wonderful → fabulous，great → fabulous，What's the meaning? → fabulous!"「わー！やっちゃった！引っかかった」と大騒ぎする生徒（役の先生方）に対し，クールに "From the top!" 吹き出してしまいました。「かっこいい！」

さらに別の英語研修会での胡子美由紀先生

　スクリーンには普段の授業の様子が流れています。先生が教室に来る前から，生徒は自分でチャンツやら，スピーチやら音読やら，自主的にわいわい活動しています。「なんじゃこりゃー！」と素直に感動しました。マネジメントが半端ないのです。しかも生徒は楽しそう！先生が入室しても生徒は自然体で活動を続けます。一人ひとりの生徒と日常会話をしながら，授業が始まります。帯活動のスピーチが始まります。いやー，しゃべる，しゃべる！マネジメントにはこだわりがある私も，生徒との約束事はきちんとできていると，それなりの自信がありましたが，何しろレベルがラベルぐらい違うので，これは一からやり直さないといけないと素直に反省しました。

　3名の先生方とは，今でも交流が続いています。自分の地区の研究会に講師として招聘し合ったり，よりよい授業の在り方について相談し合ったりしています。授業のこと以外でも，色々アドバイスをいただける，かけがえのない存在です。遠く離れていても，志を同じくする友がいることが，どれほど頼もしいか言葉では表せないほどです。本書ではこの3人と私の4人で「究極の英語授業づくり」についてのアイデアをご紹介しました。どの章も担当する先生方の個性とアイデアが豊富なこだわりの授業づくり術が満載です。ぜひ，お楽しみください。

2020年10月　　　　　　　　　　　　　　　　　　　　　　　　　　　　畑中　豊

▶▶ Contents もくじ

成功する英語授業！
新教科書を200%活用する指導技術

Chapter **2**

発信力を身につける！
4技能統合型の言語活動アイデア

Chapter 3

世界一わかりやすい！

新しい指導内容の面白指導アイデア

Chapter **4**

Chapter 1

中1ギャップを撃退する！

中学校教師のための
小学校外国語活動・外国語入門

Profile1

瀧沢広人（岐阜大学教育学部准教授）

中学3年生の夏までは，数学の教師になりたかった私は，夏休みに外国人に英語で話しかけ，相手の言っていることが全くわからなかったことから，公民館で行われていた英会話教室に通い始める。米軍の横田基地から来る先生はアメリカ人で1時間半の授業は何もかもが楽しく，英語大好き少年へと変わっていった。中学3年生の秋には，「ウッキーさんのワンポイント英会話」に出演。高校生の時には，『百万人の英語』（旺文社）の大ファンとなり，ハイディ矢野のラジオ番組に出るなど，English became one of my friends. となる。教師になると，楽しい授業をしたい！と研究会に足を運び，指導技術を学んできた。30年間の小・中学校教諭，教育委員会，教頭職を経て，現在は，大学教員として，未来の教員を育てている。

座右の銘
終わりは始めなり

01　小学校で英語はどのくらい勉強してくるの？

　これからの中学生は，小学３年生〜６年生までの４年間で合計210時間の英語授業を経験し，中学校に進学してきます（表１）。ただ，令和２年度〜令和５年度入学の生徒については，段階的に時間数が増えていき，最終的に令和６年度の中学１年生で210時間となります。したがって，令和２年度の中学１年生は，小学５年生で50時間（移行時間を含め），６年生で50時間（移行時間を含め）の計100時間しか英語は学習していません。翌年の令和３年度の中学１年生は，小学４年生で15時間（移行時間を含め），５年生で50時間（移行時間を含め），６年生で70時間，合計135時間の学習時間となります（表２）。

表1　小学校外国語・外国語活動の時間数及び使用教材

学年	教科・領域名	時間数	教材
小学３年生	外国語活動（領域）	35時間（週１時間）	Let's Try! 1（文科省）／他
小学４年生	外国語活動（領域）	35時間（週１時間）	Let's Try! 2（文科省）／他
小学５年生	外国語（教科）	70時間（週２時間）	検定教科書
小学６年生	外国語（教科）	70時間（週２時間）	検定教科書
合計		210時間	

　そこで，中学校の先生が考えておかなくてはいけないことは，令和２年度〜令和６年度にかけては，毎年毎年，学習時間の異なる生徒を受け入れなくてはいけないということです。

　つまり，英語学習の積み重ね量が異なりますので，毎年，英語への慣れ親しみ度，学力の定着度が異なる生徒を受け入れるということです。

　これは，よい意味でも，悪い意味でも言えることです。

　よい意味で言えば，英語に十分慣れ親しみ，英語の質問にも臆せず受け答えし，英語に興味をもって学習する生徒が育っているでしょう。悪い意味で言うと，英語への苦手意識を既にもって入学してくる生徒がいるということも，考慮しなくてはいけないと思います。

　しかし，私たち教師の使命は，「どの子も」ということです。

　公立学校であれば，その地域に住む「どの子も」受け入れ，よりよい教育を施すことが私たちの仕事です。むしろ，仮に英語に苦手意識をもっている生徒がいた時には，チャンスだと思わなければいけません。「よし！中学校で楽しい授業をして，英語を好きになってもらおう」と，ピンチをチャンスに替えていく，それこそチャンスなのです。

　そのためには，小学校でどのようなことを学習し，どのような学びを受けてきているのかを知る必要があります。

　では，小学校では，どのようなことを学んでくるのでしょうか。

　おおまかに，次のようなことを学んで中学校に入学してきます。

1　コミュニケーションを図ることの楽しさや大切さ（中学年）

2　アルファベットの大文字小文字の「名称」と「音」（中・高学年）

3　意味ある言語活動による「聞く・話す」活動（中・高学年）

4　コミュニケーションを行う目的や場面，状況を設定した言語活動（中・高学年）

5　相手意識・他者意識をもったコミュニケーション活動（中・高学年）

6　Small Talk による既習事項の定着と会話の継続（高学年）

7　「読み・書き」における慣れ親しみ（高学年）

8　基本的な英語フレーズ（中・高学年）

表2　令和2年度〜令和6年度の中学1年生が小学校で英語を学習する時間数の推移

H30年度	H31 R元年度	R2年度	R3年度	R4年度	R5年度	R6年度	卒業時 時間数
小5 35＋15	小6 35＋15	中1					100時間
小4 15	小5 35＋15	小6 70	中1				135時間
小3 15	小4 15	小5 70	小6 70	中1			170時間
小2	小3 15	小4 35	小5 70	小6 70	中1		190時間
小1	小2	小3 35	小4 35	小5 70	小6 70	中1	210時間

Tips

小学校での210時間の学習時間は段階的にやってきます！年度ごとの時間数を把握しておきましょう。

02 "外国語活動" と "外国語" の違いって何？

3・4年の外国語活動と，5・6年の外国語では，どのような違いがあるのでしょうか。

1 「2技能」と「4技能」，「素地」と「基礎」

外国語活動（3・4年）	外国語（5・6年）
（外国語活動の目標） 　外国語によるコミュニケーションにおける見方・考え方を働かせ，外国語による①聞くこと，話すことの言語活動を通して，②コミュニケーションを図る**素地**となる資質・能力を次のとおり育成することを目指す。	（外国語の目標） 　外国語によるコミュニケーションにおける見方・考え方を働かせ，外国語による①聞くこと，**読むこと**，話すこと，**書くこと**の言語活動を通して，②コミュニケーションを図る**基礎**となる資質・能力を次のとおり育成することを目指す。

（○付数字，下線，強調は筆者。以下同。）

　扱う技能が，外国語活動では「聞くこと」と「話すこと」の2技能ですが，外国語では「読むこと」と「書くこと」が加わり4技能となります。また目標は，外国語活動は「コミュニケーションの素地の育成」ですが，外国語では「コミュニケーションの基礎の育成」となります。

2 「慣れ親しむ」と「身に付ける」

外国語活動（3・4年）	外国語（5・6年）
（外国語活動の目標） (1) 外国語を通して，言語や文化について体験的に理解を深め，日本語と外国語との音声の違い等に気付くとともに，外国語の音声や基本的な表現に③慣れ親しむようにする。	（外国語の目標） (1) 外国語の音声や文字，語彙，表現，文構造，言語の働きなどについて，日本語と外国語との違いに気付き，これらの知識を理解するとともに，読むこと，書くことに慣れ親しみ，聞くこと，読むこと，話すこと，書くことによる実際のコミュニケーションにおいて活用できる基礎的な技能を③身に付けるようにする。

　外国語活動のねらいは「慣れ親しむ」であり，外国語では「身に付ける」となっています。5・6年で定着が求められていることがわかります。

3　「相手に配慮」と「他者に配慮」

外国語活動（3・4年）	外国語（5・6年）
（外国語活動の目標） (3) 外国語を通して，言語やその背景にある文化に対する理解を深め，④相手に配慮しながら，主体的に外国語を用いてコミュニケーションを図ろうとする態度を養う。	（外国語の目標） (3) 外国語の背景にある文化に対する理解を深め，④他者に配慮しながら，主体的に外国語を用いてコミュニケーションを図ろうとする態度を養う。

　外国語活動は「相手に配慮」ですが，外国語では「他者に配慮」です。高学年では「読むこと」・「書くこと」が加わるので，コミュニケーションを図る対象が目の前にいる「相手」とは限らないことを示しています（『小学校学習指導要領（平成29年告示）解説　外国語活動・外国語編』文部科学省，2017，p.74）。

4　「サポートを受けて」と「その場で」

外国語活動（3・4年）	外国語（5・6年）
（英語の目標） (2) 話すこと［やり取り］ ウ　⑤サポートを受けて，自分や相手のこと及び身の回りの物に関する事柄について，簡単な語句や基本的な表現を用いて質問をしたり質問に答えたりするようにする。	（英語の目標） (3) 話すこと［やり取り］ ウ　自分や相手のこと及び身の回りの物に関する事柄について，簡単な語句や基本的な表現を用いて⑤その場で質問をしたり質問に答えたりして，伝え合うことができるようにする。

　外国語活動では「サポートを受けて」とありますが，外国語では「その場で」とあります。「サポートを受けて」というのは，教師やALT，グループやペアの友達のサポートを受けてという意味であり，「その場で」とは，自分の力でという意味です（『小学校学習指導要領（平成29年告示）解説　外国語活動・外国語編』文部科学省，2017，p.80）。
　ちなみに小学校の「その場で」が中学校で，「即興的に」となります。

Tips

　小学生は，細かなステップを踏みながら，英語を学んでいきます。

03 アルファベットの「名称」と「音」って？

1 アルファベットの「読み・書き」は，定着が求められている

アルファベットには，文字の「名称」と「音」があります。

「名称」とは，文字の名前であり，Aなら「エイ」，Bなら「ビー」が名称になります。

「音」とは，文字のもつ音であり，Aであれば，/a/という音や，Bなら，/b/という音であり，単語の中に入った時に発する音になります。

小学校学習指導要領の外国語活動（3・4年）の英語の目標では，次のように出ています。

(1) 聞くこと

ウ　文字の読み方が発音されるのを聞いた際に，どの文字であるかが分かるようにする。

ここで言う「文字の読み方」とは，アルファベット（大文字・小文字）の名称ということになります（『小学校学習指導要領（平成29年告示）解説　外国語活動・外国語編』文部科学省，2017，p.20）。

さらに，外国語（5・6年）の英語の目標では，次のように出ています。

(2) 読むこと

ア　活字体で書かれた文字を識別し，その読み方を発音することができるようにする。

(5) 書くこと

ア　大文字，小文字を活字体で書くことができるようにする。（略）

（下線は筆者）

つまり，3・4年生では，聞いてわかればいいのですが，5・6年生になると，発音したり，書いたりできなければいけないということになります。

外国語（5・6年）の2つの目標が「できる」表記になっていることからも，アルファベットの大文字と小文字は，読んだり，書いたりすることについて，定着が求められているということがわかります。

2 アルファベット学習はこのように行われる

　では，小学生はどのようにアルファベットを学習してくるのでしょうか。まず，外国語活動（3・4年）で見てみましょう。外国語活動は，基本的に，Let's Try! 1及び2（文部科学省）の教材を用います。3年生では大文字，4年生では小文字を学習します。

　大文字では，26文字のアルファベットを発音したり，形の認識を行ったりします。形の認識では，「仲間分け」という活動を行い，アルファベット26文字を，同じ種類の仲間に分けていきます。例えば，次の2つのグループに分ける児童がいます。

大文字の仲間分け

Aグループ

| A E F H I K L M N T V W X Y Z |

Bグループ

| B C D G J O P Q R S U |

　これは「直線だけでできている文字」と「曲線が入っている文字」に分けた仲間分けです。

　また，「A K H I O R T W Z」と「B C D E F G J L M N P Q S U V X Y」のように分ける児童も出てきます。どのように仲間分けしたのでしょうか。（答えは下欄）

　4年生（Unit 6）では，町の中にある看板などから，アルファベットの小文字が使われていることを知ったり，アルファベットが読まれるのを聞いてどの文字であるかを理解したりするなど，小文字に慣れ親しんでいきます。また，「小学校段階では，文字の名称を聞いてその文字を選んだり，文字を見てその名称を発音したりすることができるように指導することとする。なお，中学校の外国語科において，発音と綴りを関連付けて指導することとしている（『小学校学習指導要領（平成29年告示）解説　外国語活動・外国語編』文部科学省，2017, pp.87-88)」とあるように，音と綴りの関係は，中学校で行うこととし，小学校の指導事項ではないことを理解しましょう。

　ただ，「文字がもつ音のうち代表的なものを取り上げて，歌やチャンツを使って，文字には名称と音があることに気付かせ，次の（ウ）や（エ）の言語活動につなげることが大切である（同；p.104)」とあり，文字の音については，取り扱うことが記されています。いわゆる，/a/ /a/ /a/, apple のように，代表的な音に慣れ親しませる程度のことは小学校で行うのです。

Tips

　小学校ではアルファベットの名称の読み書きは定着で，文字の音については慣れ親しむ程度で中学校に進学してきます。

答え　筆者の名前（瀧沢広人 TAKIZAWA HIROTO）に使われている文字と使われていない文字

04 「読み・書き」で児童が学んでくることは何？

1 「読み・書き」は慣れ親しみでいいの？

　前項で，アルファベット文字の読み・書きは，定着が求められているということはわかりました。では，語句や英文の「読み・書き」は，どの程度，学習してくるのでしょうか。

　まず，外国語（5・6年）の外国語の目標から見てみたいと思います。

　目標では，次のように「読むこと」，「書くこと」については，慣れ親しませることとしつつ，身に付けるとあります。

> **外国語の目標**
>
> (1) 外国語の音声や文字，語彙，表現，文構造，言語の働きなどについて，日本語と外国語との違いに気付き，これらの知識を理解するとともに，読むこと，書くことに慣れ親しみ，聞くこと，読むこと，話すこと，書くことによる実際のコミュニケーションにおいて活用できる基礎的な技能を身に付けるようにする。
>
> 『小学校学習指導要領（平成29年告示）』文部科学省，2017
>
> （下線は筆者）

　このことについては，次のように解説しています。

> 　ただし，「読むこと」，「書くこと」については，中学年の外国語活動では指導しておらず，慣れ親しませることから指導する必要があり，「聞くこと」，「話すこと」と同等の指導を求めるものではないことに留意する必要がある。
>
> 『小学校学習指導要領（平成29年告示）解説　外国語活動・外国語編』文部科学省，2017，p.70

　よって，小学校における「読み・書き」については，まずは，慣れ親しむことから始めることが大切であると理解しておく必要があります。

　また同時に，「聞くこと，読むこと，話すこと，書くことによる実際のコミュニケーションにおいて活用できる基礎的な技能を身に付けるようにする」とも書かれています。

　読み・書きは「慣れ親しみ」と言いながら，ここでは読み・書きは「身に付ける」となっています。

　これは，どういうことなのでしょうか。

2 「読み・書き」の基礎的技能って何？

私は，ここで「基礎的な技能を身に付けるようにする」の「基礎的な技能」とは何なのかに注目してみました。

すると，英語の目標（第2　各言語の目標及び内容等）に次のように書かれています。

> (2) 読むこと
>   ア　活字体で書かれた文字を識別し，その読み方を発音することができるようにする。
>   イ　音声で十分に慣れ親しんだ簡単な語句や基本的な表現の意味が分かるようにする。
> (5) 書くこと
>   ア　大文字，小文字を活字体で書くことができるようにする。また，語順を意識しながら音声で十分に慣れ親しんだ簡単な語句や基本的な表現を書き写すことができるようにする。
>   イ　自分のことや身近で簡単な事柄について，例文を参考に，音声で十分に慣れ親しんだ簡単な語句や基本的な表現を用いて書くことができるようにする。
>
> 「第2章10節　外国語」『小学校学習指導要領（平成29年告示）』文部科学省，2017

ここの部分が，「基礎的な技能」となります。「読むこと・書くこと」については慣れ親しむでいいのですが，上記については，定着を求めるということなのです。

シンプルにまとめると次の5つは身につけて中学校に入学してくると考えてよいでしょう。

1　アルファベットの大文字・小文字を**読む**ことができる。

2　アルファベットの大文字・小文字を**書く**ことができる。

3　音声で十分に慣れ親しんだ簡単な語句や基本的な表現の**意味が分かる**。

4　音声で十分に慣れ親しんだ簡単な語句や基本的な表現を**書き写す**ことができる。

5　**例文を参考に**，音声で十分に慣れ親しんだ簡単な語句や基本的な表現を用いて**書く**ことができる。

Tips

小学校の「読み・書き」の学習は，慣れ親しみをねらいとして学習してくるだけなので，英単語や英文がすらすら書けるとは限らないということを知っておきましょう。

05 小学校でどんな表現を学んでくるの？

小学生は，英語表現を「文法」として理解するのではなく，「フレーズ」で学んできます。

1 外国語活動（3・4年）で学ぶ主な基本的な表現（フレーズ）

小学3年生（Let's Try! 1）		小学4年生（Let's Try! 2）	
Unit 1	Hello. Hi. Goodbye. See you. I'm Hinata.	Unit 1	Good morning / afternoon / night. Good evening.
Unit 2	How are you? I'm fine/happy/good/sleepy/hungry. Good! I don't know. Me? Good idea! Come here. Give me five.	Unit 2	How's the weather? It's sunny / cloudy / rainy / snowy. Let's play cards. Stand up. Stop. Walk. Run. Jump. Turn around.
Unit 3	How many apples? Ten apples. Yes. No. That's right. Sorry.	Unit 3	What day is it? It's Monday. I watch TV on Wednesday.
Unit 4	I like blue. I don't like blue. Do you like blue? Yes, I do. No, I don't.	Unit 4	What time is it? It's 8:30. It's "Homework Time." How about you? Why?
Unit 5	What do you like? What sport / fruit / color do you like?	Unit 5	Do you have a pen? I have a pen. I don't have a pen. This is my bag.
Unit 6	～, please. Here you are. Thank you. You're welcome.	Unit 6	How many letters? Who am I? I have four letters. Please guess.
Unit 7	What do you want? ～, please. This is for you.	Unit 7	What do you want? I want apples. How many? Two, please.
Unit 8	What's this? It's a fruit. Hint, please.	Unit 8	Go straight. Turn right / left. Stop. This is my favorite place.
Unit 9	Are you a dog? Yes, I am. No, I'm not. Who are you? I see something white/ shiny / small / square / scary.	Unit 9	I wake up at 6. I wash my face. I brush my teeth. I have breakfast. I leave my house. I go to school. 他

2　外国語（5・6年）で学ぶ主な基本的な表現（フレーズ）

＊教科書によっても違いがありますが，主に次のような表現を学習してきます。

小学5年生	小学6年生
自己紹介 　How do you spell your name? 　Call me Tacky.	**日本を紹介** ・We have *hanami* in spring. We have sushi. ・You can visit Kyoto.
誕生日 　What is the date today? 　When is your birthday?	**自分たちの町・地域** ・We have a summer festival in August. ・Sweet potatoes are famous in my town. ・We have a big park in my town.
好きな教科 　What's your favorite subject? 　Why do you like it? I like singing. 　What do you have on Mondays?	**夏休みの思い出** ・I went to Hokkaido. ・I ate seafood. It was delicious. ・I saw the Clock Tower. It is famous. ・I enjoyed *onsen*. It was nice.
1日の日課 　What time do you get up? 　What do you usually eat for breakfast?	**日本の学校生活** ・We have 250 students in this school. ・I join the dodgeball club. ・We have school lunch.
できること 　I can do kendo. 　I cannot play baseball well.	**冬休みの計画** ・What do you do on New Year's Day? ・What do you want to do?
他者紹介 　Who is this? --- He is my brother. 　Mana is good at cooking. Mana is kind.	**将来の夢・職業** ・I want to be a vet. I want to help animals. ・What dreams do you have for the future?
行きたい国・場所 　I want to go to Australia. 　I want to see koalas.	**小学校生活の思い出** ・What school events do you like? ・What is your best memory at school?
食べたいもの 　What would you like? I'd like *natto*. 　*Natto* is very healthy.	**中学校生活・部活動** ・What do you want to do at junior high school? ・I want to join the soccer team.
道案内 　Where is the post office? 　Go straight. Turn right at the bank.	

Tips

学校区の教科書を手に入れ，どのような表現を習ってくるか調べておきましょう。

01　小学生は,コミュニケーションの何を学んでくるの？

1　コミュニケーションとは？

　3・4年生の外国語活動では，慣れ親しむことを目標に「聞く・話す」の学習を行い，5・6年生では，身に付けることを目標に，基本表現の「聞く・話す」の定着を図っていきます。

　このように，授業の大半は，教師と児童，児童同士のペアでの対話，グループでの対話，自由に立って教室中の色々な友達と対話するクラスワークと学習形態を変えながら，児童は「英語で」コミュニケーションを図る楽しさを味わってきます。

　ここで言うコミュニケーションとは，自分の思いや考えを相手に伝えることをねらいとする情報伝達という役割の他に，コミュニケーションを図ることで，新しい意味が生まれるという相互作用の働きがあります。この相互作用のことを，齋藤孝氏は著書『コミュニケーション力』の中で「コミュニケーションのクリエイティブな関係性（p.13）」と表現しています。コミュニケーションを図ることで，新たな何かが生まれ，双方の考えが深まるのです。

2　コミュニケーションの「クリエイティブな関係性」が見られた授業風景

　ある小学校の4年生の授業です。

　児童は，友達と好きな曜日を尋ね合う活動の中で，友達がピアノを習っていることを知ります。こんな対話です。

児童A：What day do you like?

児童B：I like Wednesdays because I play the piano.

　好きな曜日と好きな理由を伝え合いながら，いわゆる定型表現（フレーズ）に慣れ親しむ目的で行った活動です。

　児童Bが，"I like Wednesdays because I play the piano." と言った後に，児童Aはどうでしたでしょうか。

　目を丸くして，

児童A：え？弾けるんだ？

と，日本語で自然とリアクションしていたのです。でも，考えてみると，この「え？弾けるん

だ？」という一言がまさに，**コミュニケーションを交わす意義**なのではないかと考えるのです。

　児童Aは，児童Bとクラスメートで，友達ですが，きっと，児童Bがピアノを習っていることは知らなかったのでしょう。そこで，"I play the piano." と，児童Bが言った時に，「え？弾けるんだ？」と，つい出てしまったのです。

　つまり，**友達の新たな一面が見えた瞬間**なのです。

　授業終末の振り返りで，「児童Bさんが，ピアノが弾けるって知りませんでした」のような記述で振り返ることができれば，児童Aにとって，英語でコミュニケーションをする楽しさに気づくでしょう。小学校で行うふり返りカードは，ただ書かせるだけでなく，コミュニケーションの楽しさや大切さに気づかせたければ，気づかせるような指示を出し，児童からコミュニケーションの楽しさや大切さに気づくよう児童の思いや考えを引き出すようにします。

3　小学生は，「コミュニケーションを図ることの楽しさや大切さ」を学んでくる

　さて，小学校学習指導要領の外国語活動の「知識及び技能」の中に，次の表記があります。

〔知識及び技能〕
(1)　英語の特徴等に関する事項
　　実際に英語を用いた言語活動を通して，次の事項を体験的に身に付けることができるよう指導する。
　　ア　言語を用いて<u>主体的にコミュニケーションを図ることの楽しさや大切さ</u>を知ること。

「第4章　外国語活動」『小学校学習指導要領（平成29年告示）』文部科学省，2017

（下線は筆者）

　このように，学習指導要領の中において，外国語活動の授業では，英語を通じてコミュニケーションを図る楽しさや大切さに気づかせる授業をすることとなっているのです。と同時に，小学生は英語はコミュニケーションのために学ぶものと学習して中学校の英語の授業にも臨んでくるでしょう。

Tips
　小学生は英語による言語活動を通じて，コミュニケーションを図る楽しさや大切さを学んできています！ぜひ，中学校でも英語を用いてのコミュニケーションの楽しさの継続を！

02 意味ある言語活動って何？

1 意味のある文脈の中でのコミュニケーション活動

「意味ある言語活動」は，小学校学習指導要領外国語（5・6年）の「内容：知識及び技能」の中で，「意味のある文脈」という表現で記されています。

> エ　文及び文構造
>
> 　次に示す事項について，日本語と英語の語順の違い等に気付かせるとともに，基本的な表現として，意味のある文脈でのコミュニケーションの中で繰り返し触れることを通して活用すること。
>
> 　　　　「第2章　第10節　外国語」『小学校学習指導要領（平成29年告示）』文部科学省，2017

　このことから，コミュニケーション活動（言語活動）を行う際には，コミュニケーションに意味をもたせることが重要となってきます。

　これは，中学校の学習指導要領においても同様です。小学校で行ってきた意味ある言語活動が，そのまま中学校でも配慮事項として継続されていることがわかります。

> エ　文，文構造及び文法事項
>
> 　小学校学習指導要領第2章第10節外国語第2の2の(1)のエ及び次に示す事項について，意味のある文脈でのコミュニケーションの中で繰り返し触れることを通して活用すること。
>
> 　　　　「第2章　第9節　外国語」『中学校学習指導要領（平成29年告示）』文部科学省，2017

2 小学校では，「意味のある文脈」でのコミュニケーション活動が行われている

　小学校の先生方は，英語指導については今始まったばかりなので，文部科学省の学習指導要領で謳っている指導事項を素直に理解し，実践しようとします。

　例えば，「意味のある文脈の中で」と言われれば，コミュニケーション活動に，意味のある文脈を素直に入れようとします。

　4年生の教材（Let's Try!2）には，好きな遊びを調査する活動があります。

　その際，次のような意味のないやり取りは行いません。

A：What do you want to play on sunny days?
B：I want to play soccer.

次のように言語活動に意味をもたせます。

> 遊びを考える遊び係のために『遊びの人気ランキング』を作ろう

　これは，大学生が卒業前に行った10分間模擬授業のアイデアですが，大学生は，遊びの人気ランキングを作る目的を「遊び係を助けてあげよう」とし，その課題を解決するために，友達に好きな遊びを尋ねましょう…と意味をもたせているのです。

　小学校英語では，「○○のために△△しよう」と英語を用いて何かを達成しようという課題解決型の言語活動を行ってきます。

3　今ある言語活動を，意味ある言語活動に変える

　例えば，中学校で学習する「過去形」「未来形」「受け身」「不定詞」「現在完了形」等，生徒がその文法項目を用いざるを得ない意味ある言語活動を考えてみましょう。

　その1つのヒントは，コミュニケーションを行う目的や場面，状況を設定することです。

　今ある言語活動を「コミュニケーションを行う目的や場面，状況」という視点から作り変えることで，意味ある言語活動に変えることができます。詳細は24-25ページをご覧ください。

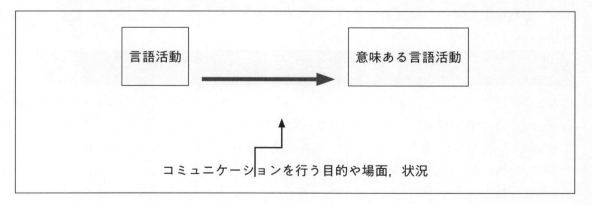

Tips

　言語活動に，コミュニケーションの目的や場面，状況を設定し，文脈をもたせた意味ある言語活動を中学校英語でも仕組んでいきましょう！

03 児童を本気にさせるためには？

1 児童を本気にさせる課題設定

　小学校では，「オリジナルな時間割を作ろう」や「グリーティングカードを作って渡そう」などの活動が多々あります。そのような活動においては，その活動を行う目的や場面，状況を設定します。時に，場面＝状況ということもありますが，目的・場面・状況の３点を言語活動に盛り込み，活動に意味をもたせるようにします。

　例えば，「オリジナルな時間割を作ろう」では，

> 　１学期も，もうそろそろ終わります。みんなが勉強を一生懸命したので，１日授業が空いてしまいました。みんなはどんな時間割にしたいかな。自分のプランを友達やクラスで提案し，一番よいと思う時間割を選び，その日は，その時間割で勉強しましょう。

	水
1	国語
2	算数
3	
4	
5	
6	道徳

　とします。きっと子どもたちは，**本気になる**に違いありません。

　そして，このように設定したら，児童を裏切ってはいけません。

　本当に，子どもたちの考えた時間割でその日，授業をするのです。

　もし，１日５，６時間の授業を児童に任せることが困難であれば，右のように，３・４・５時間目だけ，自由に考えさせる方法もあります。

　この**本気にさせる**というのが，小学校英語の大事な側面であると考えます。

2 住んでいる町を紹介しよう

　ある小学校で，６年生を対象にした授業，「自分たちの町・地域（I like my town.）」（『We Can!2, Unit 4』文部科学省，2018）の学習をしていました。

　先生は，「市役所の先生の知り合いから相談を受けました」と言って，役所の方の写真をスクリーンで出しました。

　すると「先生の本当の知り合い？」と目を輝かせ，子どもたちは本気モードになります。

　その後，先生は，

> 　○○さんは困ったことがあるらしいのです。外国人に岐阜市をアピールするのに，どんな岐阜の良い所があるかアイデアが欲しいと言っています。どんな良さがあるかな？

Chapter 1

と投げかけると，子どもたちは本気になって，その○○さんのために考えようとします。

　ここが他者意識（他者への配慮）となります。

　授業では，その後，個人で考え，班で話し合い，クラスで発表し，"We have a castle. We can see a nice view." や "We have a big zoo. We can enjoy watching cormorant fishing in Nagara River." のようにアイデアを出し合っていきます。児童に火をつけたのは，その○○さんが，本当に先生の知り合いの市役所に勤めている方であるという本物を授業に持ち込んだところにあります。

3　伝える意味をもたせ，児童を本気にさせる

　児童を本気にするという意味では，静岡県の常名剛司先生の実践も大変素晴らしいものです。

　常名先生は，修学旅行の下見に行った京都で，外国人にインタビューをしました。

　どのようなインタビューかと言うと，"Do you know Hamamatsu?" というものです。

　これ自体は，簡単な質問ですが，"Do you know Hamamatsu?" の質問に対して，外国人のほとんどから，"No. Where is it?" が連発されます。

　そこで，"Hamamatsu is a city in Shizuoka." と説明し，"What do you know about Shizuoka?" と言うと，"I know Mt. Fuji. I like hot springs in Izu." のように返ってきます。

　学校に戻り，そのインタビュービデオを児童に見せます。すると，さすがに3人目のインタビュー後には子どもたちは少し悲しい顔になってきます。

　そこで，

> Hamamatsu doesn't have good points? Hamamatsu is no good? Bad?

と児童に投げかけると，"Hamamatsu is good!" と返ってきます。

　その後，児童は「浜松の良い所を外国人に伝えよう」「浜松にもいい所がある」と本気になって考え始めます。

　これなども，小学校教師の児童を本気にさせる術の巧みさが如実に現れている好事例かと思います。

Tips

　小学校の先生方は，児童が本気になる課題を考え，実践しています！

04 目的や場面，状況をどう創る？

1 Levelt（1989）のスピーキングのメカニズム

　小学校英語では，「コミュニケーションを楽しみ」「意味ある言語活動を経験し」「児童が本気になる課題設定をする」ことを通じ，言語活動の質を高めています。これら３つを可能にしているのは，コミュニケーションを行う目的や場面，状況を設定していることにあります。

　Levelt（1989）のスピーキングのメカニズムには，「内容を考える」→「言語化する」→「音声化する」→「モニターする」の４つの段階があります。コミュニケーションを行う目的や場面，状況を設定することで必然的に，最初のステップ（内容を考える）を可能にします。

　児童は，コミュニケーションを行う目的や場面，状況が与えられると，まず，何を話そうかを考えます。そして，それを英語で伝えるにはどのような表現を用いたらよいかの言語化を行い，声に出して相手に伝えます。最後に，言いたかったことがうまく相手に伝わっているかどうか確認します。この一連の流れを瞬時に行うのがスピーキングというわけです。

＊参考　Levelt, W. J. M. (1989). *Speaking:from intention to articulation.* Cambridge

```
内容を考える
↓
言語化する
↓
音声化する
↓
モニターする
```

2 今ある言語活動に「コミュニケーションを行う目的や場面，状況」を入れる

次のような課題があるとします。言語材料は，be 動詞の過去形です。

○例にならって，あなたが今までに行ったことのある場所とその感想を書きましょう。

　例）I went to Hokkaido. It was fun.

　ここに，コミュニケーションを行う目的や場面，状況を入れてみます。どのような目的，場面，状況を設定するでしょうか。私がセミナーでこのように話すと，先生方は色々考えます。「新しく来たＡＬＴが買い物に行きたい。みんなのおすすめのお店を紹介しましょう」「中学２年生から修学旅行でどこがよかったか尋ねられました。みんなのおすすめを紹介しましょう」「近所に外国人が引っ越してきました。町のおすすめの場所を紹介しましょう」等，考えればアイデアはたくさん出ます。

　そこで私は次のように例を示します。

> 新しく来た ALT の先生がゴールデンウィークにどこかに行きたいんだって。みんなが行ったことのある所で，良かった所を例にならって，理由も書いて教えてあげましょう。

ここで最初の「新しく来た ALT の先生がゴールデンウィークにどこかに行きたいんだって」というのが場面になります。

「みんなが行ったことのある所で，良かった所を例にならって，理由も書いて教えてあげましょう」が目的となります。

このように場面と目的を言語活動に添えると生徒は，次のように，観光名所の飛騨高山や鵜飼を紹介するでしょう。

> I went to Takayama two years ago. It was beautiful.
> I went to see cormorant fishing last year. It was interesting.

でも，もし ALT に，５歳と３歳の子どもがいたらどうでしょうか。きっと飛騨高山や鵜飼という場所や体験でなく，子どもが遊べる場所を紹介するでしょう。

このように，どのような状況であるかを示すことで，より生徒の中に相手意識が芽生え，何を選択したらよいか〈考える〉ようになります。

私のゼミ学生は，中学校の教育実習でコミュニケーションを行う目的や場面，状況を明確にした授業を行いました。ただ買い物をさせるのではなく，パーティを開くために買い物をするという場面を作り，３人の友達を紹介します。１人目は，華やかなのが好き。甘い物が好き。温かい飲み物が好き…。２人目は，果物が好き，特にイチゴや桃が大好物。３人目は，あまりカラフルな飾りは好きではなく，炭酸飲料は飲まない…というような状況を設定します。そして生徒は，３人の誰かを友達に選び，その人が喜んでもらえるような買い物をするという目的で言語活動を行いました。

単なる買い物をするというタスクにおいても，目的や場面，状況を入れることで，何を買ってあげようかと〈内容を考える〉ことからスタートさせることができることに学生の授業から学びました。

Tips

コミュニケーションを行う目的や場面，状況のある活動では，必然的に，生徒は，見方・考え方を働かせ，英語表現を選択することにもつながります。

05　Small Talkって何？

1　既習事項の定着と会話の続け方を学ぶ Small Talk 活動

　小学校外国語（5・6年）では，5年生は，教師による Small Talk，6年生では，児童同士の Small Talk を行います。

　Small Talk の目的は，**既習事項の定着**と**対話の続け方**を学ぶところにあります。

　英語は言葉で表現する技能なので，使っていないと忘れてしまいます。

　そこで，既習事項を繰り返し使用することで，言葉の定着を図ろうとするのが，Small Talk のねらいの1つとなります。

　また，もう1つのねらいとして，

児童A：What subjects do you like?

児童B：I like P.E. and English.

という Q&A で終わることなく，

児童A：What subjects do you like?

児童B：I like P.E. and English.

児童A：Really?　反応する

児童B：How about you? What subjects do you like?　質問する

児童A：I like P.E. and music.

児童B：Oh, you like P.E. and music.　繰り返す

児童A：Yes. I play the piano.

児童B：That's nice.　感想を言う

のように，**対話を続ける方法**を Small Talk の時間に学んできます。

　今まで中学1年生でやっていたことを，小学生がやるようになります。

　小学校で Small Talk を経験してきた児童は，中学校に入ってもその活動に慣れ，また，話すことに対して磨きがかかるのではないかと感じます。

2 Small Talk のやり方

Small Talk には，次の４つのステップがあります。

第１段階　教師による Teacher's Talk

　ここでは，教師が話題を提示し，英語で児童に話しかけていきます。その際，どのような表現を使えばいいのか，既習事項の想起を行います。さらに，児童に質問を投げかけながら，やり取りを行い，次の児童同士の Small Talk につなげます。ここでのねらいは，「話題の提供」と「児童同士の Small Talk が実現可能かどうか判断すること」になります。

第２段階　児童同士の Small Talk１回目

　児童は隣の児童とペアになり，机を向かい合わせにします。教師の "Let's talk about your favorite season." の合図とともに，１分間の対話を行います。この時，児童に必ず，"Hello. How are you?" 等のあいさつから入ることを徹底させます。教師は，児童同士の活動の様子を把握し，次の中間評価でアドバイスを行います。

第３段階　中間評価

　ここで，児童へのフィードバックを行います。教師が児童の様子を見ていて，良かった所，課題となる所，また，児童からは，もっとこんなことを言いたかったというような表現を出させたり，どのように言えばいいかみんなで考えさせたりする時間をとります。その後，この中間評価を基に，パートナーを替え，２回目の Small Talk を行います。

第４段階　児童同士の Small Talk２回目

　パートナーを替え，Small Talk を行います。

　これが，Small Talk の典型的なパターンとなります。

　時間にして，約10分の活動になります。

＊参考　『英語教師のための Teacher's Talk & Small Talk 入門』瀧沢広人著（明治図書）

Tips

　児童は，簡単な英語を用いて，友達と英語でコミュニケーションを図ることに慣れ親しんできます。

01　どんな単語に慣れ親しんでいるのか調査しよう！

　小学生は，約600〜700の英単語を学んできます。

　3年生と4年生は，共通教材（Let's Try! 1・2；あくまでも使用義務はなし）があるので，およそどのような語彙を学んでくるのかわかります。

　小学校で学んできたと思われる英単語を絵カードで生徒に見せ，どのくらい英語で言えるかやってみましょう。おそらく元気よく声に出してくるかと思います。そこが褒めるチャンスです。生徒も，中学校英語の出だしで褒められると，俄然やる気が出るものです。

T：Look at this. What's this?

S：Apple!

T：Good! What's this?

S：Banana.

T：Great! How about this?

S：Watermelon!

T：Nice.

　「果物」「野菜」「動物」などは，生徒は小学校で十分慣れ親しんでいる英単語になるかと思います。できる体験を積ませ，褒め，やる気にさせましょう。

小学3・4年生で学ぶ主な英単語

果物	apple, strawberry, grapes, pineapple, peach, melon, banana, kiwi fruit, lemon, orange, watermelon, cherries
野菜	tomato, onion, green pepper, cucumber, carrot, mushroom, corn, potato, cabbage
文房具	pencil, eraser, ruler, book, ink, notebook, crayon, glue stick, scissors, pen, stapler, magnet, marker, pencil sharpener, pencil case
形	circle, triangle, cross, heart, square, rectangle, star, diamond
スポーツ	soccer, baseball, basketball, dodgeball, swimming, volleyball, table tennis
色	red, blue, green, yellow, pink, black, white, orange, purple, brown

飲食物	food, ice cream, pudding, milk, orange juice, hamburger, pizza, spaghetti, steak, salad, cake, noodle, egg, rice ball, jam, candy, soup, pie, sandwich, sausage
動物	fish, gorilla, monkey, pig, rabbit, dog, cat, panda, mouse, bear, elephant, horse, spider, sea horse, starfish, jellyfish, moth, owl, cow, dragon, snake, tiger, sheep, chicken, wild boar
天気	weather, sunny, rainy, cloudy, snowy, rainbow
状態 気持ち	fine, happy, good, sleepy, hungry, tired, sad, great, hot, cold, long, shiny, scary, round, furry, fresh, short
動作	stand, sit, stop, jump, turn, walk, run, look, put, touch, play, study, take a bath
身体	hand, leg, head, eyes, ears, nose, mouth, shoulders, knees, toes
遊び	game, tag, jump rope, bingo
衣類	shirt, shorts, sweater, pants, boots, cap, hat
楽器	violin, drum, piano
乗り物	jet, yacht, bus, taxi, car, tricycle, bicycle, bike
曜日	Sunday, Monday, Tuesday, Wednesday, Thursday, Friday, Saturday
数字	1 ～ 60
学校	classroom, restroom, science room, music room, arts and crafts room, computer room, cooking room, school nurse's office, school principal's office, teachers' office, entrance, library, gym, playground
日課	wash my face, brush my teeth, put away my *futon*, have breakfast, check my bag, leave house, take out the garbage, go to school, go home, do my homework, finish my dinner, dream
その他	counter, king, queen, sun, tree, umbrella, watch, box, flower, shop, balloon, house, breakfast, lunch, dinner, homework, desk, chair, clock, calendar, bookstore, school, station, telephone, news

Tips

　小学5・6年生では，教科書の違いもありますが，①国名／②月名・季節／③年中行事／④教科／⑤職業／⑥日課／⑦動作／⑧施設・建物／⑨100までの数字／⑩食べ物／⑪人物の特徴／⑫家族／⑬味覚／⑭動詞の過去形／⑮自然／⑯学校行事／⑰部活動等の語彙を習ってきます。

02 英語ゲームで中学英語の"楽しさ"を体験させよう！

　野菜や果物，動物で，生徒の語彙を確認したら，その流れで，カードゲームに突入しましょう。次のようなカードを1人5枚ずつ配ります。

　配り終えたら，次のように言います。

> T：今，配ったカードは，みんなが家で飼っているペットだとします。

　すると，生徒からは，「え〜〜〜」「オレ，こんなのやだ〜」などと声があがります。
　そして，

> T：今，配ったカードは，誰にも見せてはいけません。

とつけ足します。
　その後，ゲームのやり方を説明します。

> T：今から友達が飼っている動物を当てます。教室中，誰とでも構いません。ジャンケンをします。ジャンケンに勝ったら，"Do you have a dog? Do you have a cat? Do you have a rabbit?" など5回までは質問ができます。相手の飼っている動物を当てられたら，そのカードがもらえます。ただし，5回までの質問なので，その途中で例えば3回目で当たってしまった時には，おしまいです。"Goodbye." と言って，違う人とやります。また，5回質問しても当たらなかったら，そこでおしまいです。

　ただ，どんな動物がいるか知っていないと，当てづらいので，どんな動物がいるか手をあげさせます。

> T：では，どんな動物がいるかと言うと，「サル」Monkey 持っている人？（生徒は手を
> あげる）Rabbit?（生徒は手をあげる）Cockroach ゴキブリ？（生徒から笑いが出る）
> Snake? Tiger? Elephant?…のような動物がいます。

このように説明した後，一度，やり方を見せます。

> T：O.K. Demonstration! Any volunteer?
> S1：Yes.
> T：Come to the front.
> S1：（前に出る）
> T：Let's do *janken*.
> T & S1：Rock, paper, scissors. One, two, three.
> T：You win. Ask me.
> S1：Do you have a dog?
> T：No, I don't.
> S1：Do you have a tiger?
> T：No, I don't.
> S1：Do you have a cow?
> T：Yes, I do. Here you are.
> S1：Thank you.
> T：Goodbye. このように 5 回までは質問ができますので，その間に当たってしまえば，
> そこでおしまいです。もし，2 枚以上持っていても，1 枚だけあげればいいです。
> 制限時間は 5 分間です。誰が一番多く集められるでしょうか。Stand up. Let's go!

と言って始めます。教師も，生徒に混ざって楽しんでください。およそ 5 分後，席につかせ，
枚数を確認します。一番多かった生徒に，拍手を送ります。その後，

> T：ねえ，カードの上に，数字が書いてあるのわかる？それがカードのポイントです。全
> 部得点を足してみてください。
> S：先生！もう一回やろう！

Tips
中学校の授業も楽しいぞ～～～と思わせましょう。

03 アルファベット文字の"定着度"を確認しよう！

1 アルファベット文字の「読み」をチェック

　ゲームで楽しんだ後は，小学校で定着しているべき事項である「アルファベットの読み・書き」を確認しましょう。

T：Can you say alphabets? What's this?（A のカードを見せる）

S：A（/ei/）

T：Good.（B のカードを見せる）

S：B（/biː/）

T：O.K.（C のカードを見せる）

S：C（/siː/）

　このように，A〜Z まで言わせた後，"Let's read one more time." と言って，A から言わせていきます。

　その時に，発音に気をつけさせます。

　生徒が，A を「エー」と言ってきた時には，「This is not エー. This is エイ（/ei/）.」と，正しい名称の言い方を教えます。生徒の多くは，小学校で習ってきているものの，どうしても，エー・ビー・シーと日本語的に言う癖がついてしまっていることが予想されます。

　特に，次の語の発音の仕方に気をつけさせましょう。

A	エーでなく，「エイ」	L	最後は舌を持ち上げて，エ〜ロ
C	シーでなく，「スィー」	M	エムと，最後は口を閉じる
F	「f」の口の形と音	N	エヌと，口を少し開ける
G	ジー（その後の Z と音の差別化）	O	オーでなく，「オウ」
H	エッチでなく，「エイチ」	R	アールでなく，「アー」と舌を奥に
J	ジェーでなく，「ジェイ」	V	「v」の口の形と音
K	ケーでなく，「ケイ」	Z	ジー（G）でなく，ズィー

2 アルファベット文字の「書き」をチェック

アルファベット文字の大文字と小文字が書けるかどうか確認してみましょう。

やり方は2通りあります。1つは，プリントを渡し，そこに大文字・小文字をアルファベット順に書かせていく方法です。

プリント例

アルファベットの大文字・小文字

Grade____ Class____ Number____ Name_____

1 大文字をアルファベット順に書いてみましょう。

2 小文字をアルファベット順に書いてみましょう。

もう1つは，教師が読み上げたアルファベット文字を書かせていく方法です。

利点としては，生徒にとって簡単な文字から読み上げていきながら，その都度，正しいかどうか確認しながら行えるところがあります。

アルファベットの「読み・書き」は，小学校での定着事項となっていますが，なかなか難しいことが予想されますので，中学校での接続時期に，丁寧に扱っていきたい指導事項です。

Tips

中学校では，アルファベットの正しい発音に気づかせるチャンスです。わかる英語授業のスタートは，このアルファベット学習からになるでしょう。

04　Small Talk を実践してみよう！

Small Talk の基本形は，以下の４つです。（詳細は本書26ページ）

1　教師による Teacher's Talk
2　生徒同士の Small Talk　1 回目
3　中間評価
4　生徒同士の Small Talk　2 回目

まずは，教師の Teacher's Talk です。

ここでのねらいは，既習事項の想起と生徒同士の Small Talk が実行可能であるか判断することとなります。

Teacher's Talk

T：Hello.　**My name is** Takizawa Hiroto.　T-a-k-i-z-a-w-a H-i-r-o-t-o.　Takizawa Hiroto.

　　I'm from Higashiyamato city, Tokyo.

　　We have beautiful lakes in my town.

　　You can enjoy cherry blossoms in spring.

　　Green tea and pears **are famous in** my town.

　　I like Japanese food.　**My favorite** Japanese food **is** *natto*.

　　Do you like *natto*?

S：Yes. /No.

T：*Natto* is very **healthy**.

　　I always eat *natto* for breakfast.　Do you eat *natto* for breakfast?

　　Always?

S：（手をあげる）

T：Usually?

S：（手をあげる）

T：Sometimes?

S：（手をあげる）

T：Never?

S：（手をあげる）

> T : <u>I play</u> soccer and table tennis. <u>I can</u> play the guitar too, but <u>I am not good at</u> singing.
>
> <u>I don't have</u> any pets. <u>I don't like</u> big animals. I like small animals.
>
> <u>Do you have</u> any pets?

　太字強調部は，小学校で履修済の言語材料になります。それらを意図的に用い，小学校英語を振り返らせます。ポイントは，小学校学習指導要領の英語の目標にあるように，「ゆっくり，はっきり」言ってあげることです。

　次に，生徒にいくつか質問をしてみましょう。ここのやり取りを通じ，その次に行う生徒同士の Small Talk がどの程度実行可能であるか判断します。

生徒との Q&A

> T : ○○ san, what Japanese food do you like?　　S1 : I like sushi.
>
> T : Me too. I like tuna. What sushi do you like?　　S1 : I like salmon.
>
> T : You like salmon. It's delicious.
>
> 　　○○ san, do you play sports?　　S2 : Yes.
>
> T : What sport do you play?　　S2 : I play basketball.
>
> T : O.K. Make pairs with your partners.
>
> 　　Let's talk about "you". I'll give you one minute. Let's start.

　ここで生徒同士の Small Talk となります。

　ポイントは，1分間継続対話することができるかどうかです。それだけを評価基準にします。

　中間評価では，1分間もたせるための対話継続の方法を確認していきます。

　そして，2回目の Small Talk を行い，1分程度は対話を続けることができるよう目安を与えておきます。Small Talk 活動については，拙著『英語教師のための Teacher's Talk & Small Talk 入門』（明治図書）をお読みいただくと，詳細をご理解いただけるかと思います。

Tips

　生徒が Small Talk のやり方に，どの程度慣れ親しんでいるのか，また，ペアで，どの程度対話を継続することができるか確認しておきましょう。

05 小学校英語の英語ゲームで遊んでみよう！

　小学校には，定番の英語ゲームがあります。生徒の多くは，それらのゲームに慣れ親しんできているかと思います。

　そこで，適宜，小学校でやっていたゲームと同じものを授業で取り入れましょう。そうすることで，生徒は小学校英語と中学校英語のスムーズな接続に安心感を抱くでしょう。

1　キーワードゲーム

　何と言っても，小学校英語の定番はキーワードゲームです。やり方は簡単で，ペアは向かい合い，ペアの間に消しゴムを1つ置きます。キーワードを1つ決めておき，キーワードが聞こえたら消しゴムを取るという単純なゲームです。生徒は，教師の後に英単語を繰り返します。

　例えば，月名でやってみましょう。

T ： The key word is "March."

S ： March.

T ： Repeat after me.　January.

S ： January.

T ： August.

S ： August.

T ： March.

S ：（生徒は消しゴムを取る）やった！

　これをただ繰り返していきます。どんな語彙でも実施可能なので，中学校で新出単語を学習した時もできます。楽しく英単語をリピートさせることができます。

2　ミッシングゲーム

　これも定番中の定番です。黒板に絵カードや英単語のフラッシュカードを貼ります。生徒には，"Go to sleep." と言って，頭を伏せさせ，黒板を見ないようにします。その間，教師は1枚絵カード（もしくはフラッシュカード）を取ります。"Wake up." と言って，頭をあげさせ，"What's missing?"（何がなくなっているかな？）と尋ねます。すると，生徒は1枚なくなっている絵カードもしくは英単語を言い当てます。

　キーワードゲームもミッシングゲームも共に，語彙に慣れ親しませるというねらいで行う活動ですが，前者は教師の後にリピートする単なるオウム返しで，後者はリピートはありません。

生徒は，なくなっている絵カードなり英単語なりを探し，その語を言わなくてはいけないので，知っていなければ答えられません。つまり，ミッシングゲームでは，生徒がどの程度，該当の**語彙を知っているか試すことができる**のです。

3　数字ビンゴ

25マスが書かれたビンゴ用紙に1～25の数字を書かせます。教師が読み上げた数字を生徒が○をし，最初にビンゴになった生徒には10点，その次は9点と1点ずつ減らしていき，1点になったらおしまいというゲームです。ただし，生徒は1度ビンゴになっても，ゲームを続け，2回目にビンゴになったら，その時の得点を加算し，最後は合計点で競うビンゴゲームです。

1枚の用紙には，4回分できるように25マスを4つ作っておきます。1回目は1～25，2回目は26～50，3回目は51～75，4回目は76～100の数字を扱っていくと，よい数字の復習になるでしょう。これらの小学校英語ゲームについては，拙著『授業が必ず盛り上がる！小学校英語ゲームベスト50』（学陽書房）にありますので，同様に参照いただけると幸いです。

数字ビンゴ

Grade____　Class____　Number____　Name_____

☆25マスに数字を記入して、ビンゴをねらおう！

【1～25】　　　　　　【26～50】

【51～75】　　　　　　【76～100】

このように**小学校英語の学習事項を重ねながら**，中学校での目標を立てさせていきます。

Tips

小学校で学習してきたやり方を，中学校でも重ねて指導することで，小・中学校のギャップをいくらかは減らし，中学校で頑張りたいことを生徒に宣言させましょう。

Column
授業づくりで大切にしている５つのこと
（瀧沢広人編）

1　授業を楽しくすること

　授業の大前提は，楽しくなければいけません。楽しい授業ができて，力のつく授業です。そして楽しい授業は誰にでもできます。

2　ネタを楽しくすること

　楽しいアイデアは，私たちの周りにあります。*Ideas are around us!*　街を歩きながら，授業で使えるものはないか常に考えています。

3　生徒の活動量を増やすこと

　授業を楽しくするには，教師の発言量を減らし，生徒の活動量を増やします。教師がしゃべる授業ほどつまらないものはありません。

4　わかりやすく教えること

　学習内容をスモールステップで教え，学習内容を上手に整理してあげましょう。教師の役割は，学習内容を上手に整理して伝えることです。

5　難しいことを易しく教えること

　教師の仕事は，難しいことを易しく教えることです。それができるから教師なのです。決して難しいことを難しいままに教えません。

Chapter **2**

成功する英語授業！

新教科書を200％活用する指導技術

Profile**2**

大塚謙二 （北海道厚真町立厚南中学校教諭）

　幼少期から NTT に勤務する歳の離れた従兄から電気部品を箱でもらい，それが遊び道具だったため電気電子関係が大好きでした。そして独学でアマチュア無線の国家試験の勉強をして免許を取得し，当時16万円の無線機を買ってもらい，アンテナを自作し，初めて交信した相手がスイス人，その直後にオーストラリア人。それから，海外と英語で交信することが楽しくなり英語好きになりました。高価な無線機を買ってくれた両親には心から感謝しています。

　35年間中学校で英語を教え，途中，大学院へ行き英語教育や ESL について学び，現在の趣味は仕事，旅行，ドライブ，登山，ギター，ドラム，コンピュータ，家庭菜園，桜。現在ドローンをいかに遠くへ飛ばすか，そして美しい景色の撮影に没頭中です。

座右の銘
You never know what you can do until you try!

01　単語増量！受容語彙と発信語彙の指導法

「醤油」「薔薇」は読めても，「しょうゆ」「バラ」を漢字で書けないのは，インプットに使える言語知識（受容語彙）とアウトプットに使える言語知識（発信語彙）は別の段階にあることを意味しています。教科書では，読んで意味がわかるようにする単語（受容語彙）を細字で，書けるようにすべき単語（発信語彙）を太字で表記しています。指導すべき語彙数が増加しても，そこを区別していくと指導しやすくなります。

さて「語彙指導」では，どんな知識を指導・習得させるといいのでしょうか？

---

①　発音　　②　意味　　③　つづり　　④　使用法

これらの必須の知識を覚えるには生徒自身の努力が必要ですが，その知識を覚えるだけでは不十分で，教師はその語彙の知識を使うスキルを高め，反射的に使える状態にする支援をします。次の4点が重要で，意識的に使える学習された知識の状態を，無意識的に使える習得された知識にすることが目標です。そうすると反射的に使える状態に近づけます。

---

①　文字を見て発音できるようにする（学習）　→　即座に発音できる（習得）
②　日本語を見て英語で言えるようにする（学習）　→　即座に言える（習得）
③　英語を見て日本語で言えるようにする（学習）　→　即座に言える（習得）
④　日本語を見て英語で書けるようにする（学習）　→　スラスラ書ける（習得）

最初に「文字を見て発音できるようにする（学習：意識的）」練習をし，それを繰り返して「即座に発音できる（習得：無意識的）」状態にしていきます。その練習で，授業中に一時的にスラスラ言えるようになると帰宅してから覚えようという気持ちも高まるし覚えやすくなります。そのためには授業中の教師と生徒の連携，授業と家庭学習の連携が大切です。練習しながら覚え，覚えながら練習することで知識の定着と使うスキルがアップします。

指導で必要な教具は，①〜③のスキルでは，フラッシュカードやデジタル教材でパッと出してパッと答える練習ができるものです。アナログ的なフラッシュカードは，生徒の反応速度に応じて絶妙なタイミングを教師が調節できるので基本練習に適しています。デジタル教材では，一定の速度で表示し，生徒を待ってくれないので追いつくことに必死になり，それはそれで練習のモチベーションアップにつながり，できるようになった時の喜びや達成感が高まります。

いずれにしても，パッと見せてパッと答える練習は，即座に言える練習なので，それなしでは単語を即座に使える状態，無意識に使える知識になりづらいようです。④の書けるようにするは，何回も書いて体で覚えます。最初は宿題でノートに単語を書く練習。小テストで書かせることもあるでしょう。でも，最終的には1行日記，3行日記，5行日記のように自己表現で使っていくようにすると偶発的にはなりますが，語彙の使用場面も理解できます。

　では，語彙指導は，どのような場面で，どのような指導・練習をするのでしょうか？

---

① 本文を読む活動の前　　② 本文を読んでいる途中　　③ 本文を読んだ後

　指導する時に配慮することは，最終的に生徒を自立した学習者にすることです。自分自身で英語学習を進めていけるようにすることですから，最初は知識やスキルだけではなく，「何をどのように覚えるのか」という**単語の覚え方**（Wednesday ならウエドゥ・ネス・デイのような）の指導も必要です。日本人ならフォニックスやローマ字を利用できます。

　中学1年生は知っている語彙も少ないので，最初は本文を読む前にフラッシュカードで練習してから本文を読むと安心して読めます。1年生の後半からは授業に慣れてくるので，初見で本文を読み，わからない単語を辞書で調べながら，文の前後関係から適切な意味を選んで読み進めるとその単語の使用場面も理解できます。新出語句が少ない本文なら，教科書を閉じて本文を聞かせて概要をつかませて，次に教科書を開き本文を読みながら，未知語の意味を前後関係から推測し，本文の大意を把握してから意味を確認し，その後フラッシュカードで練習することもできます。本文の内容，種類，新出語句の量で使い分けましょう。

　単語を覚える学習は，インプットのイメージが強いでしょうが，日常的な帯活動の1分間チャットやスピーチなどの**アウトプット活動が語彙習得の場面を増やします**。発話で言いたいけど言えない語句は，①知っているのにその表現で使えると思わなかった語句，②聞いたことがある程度の語句，③全く知らない語句です。言いたいけど言えない場面は，一番覚えやすいタイミングの可能性があります。活動後に振り返る時間をとり，ノートにメモしたり，表現を調べたり，教師に聞いたりして語彙を増やします。すると気づきが生まれます。そして，同じトピックで別のパートナーと話したり，翌日も同じトピックで活動したりするとスピーキング活動で使える語句が増えてきます。自分が一度発話で成功した表現は，自分の得意な表現のレパートリーになるので今後もその語句を使う可能性が高いでしょう。また，ペアで活動すると相手からも使いやすい語句や表現を学ぶことができるのでアウトプット活動は重要です。

Tips

　1回で覚えさせようと焦らず，練習しながら覚え，覚えながら発話して定着させましょう。

02 コミュニケーションを目指した本文理解の授業

40数年前に私が受けた昭和の授業スタイルは，単語練習，教科書の本文を１文ずつ訳し，音読練習をして，全体の場で音読を発表してその授業は終了という流れでした。一般的には文法訳読式と言われていた時代のことです。時は流れ，現在ではコミュニカティブに本文を扱うようになってきました。ただし，本文をざっくりと大意を把握する活動も，ゆっくり丁寧に正確に理解することも大切な活動なので，それをうまく取り入れることが必要です。昭和の時代に批判されたのは，英文を訳しているだけでは，中学校から高校まで６年間英語を勉強しても英会話ができないということでした。ですから，訳すこと自体が悪いわけではなく，その他の活動も必要なわけで，本文の扱いは，新出語句が多いか少ないか，文の種類については，対話文，説明文，物語など，それぞれに適した色々な方法を使ってワンパターンを避けて進めることが生徒にとっても新鮮な気持ちで取り組めます。

1 リスニング中心の本文理解

新出語句が少ない本文，対話文（内容が平易）に適しています。まず，教科書を閉じ，本文の音声を聞かせます。聞き取れた内容をペアで話し合います。次に教師が内容について１つ質問します。例えば，Where did Tom go yesterday? OK. Please listen. のように，キーになることを順に口頭で質問し音声を聞かせます。うまく聞き取れなかった場合は，生徒のリクエストに応えて何度も聞かせます。最後は，生徒は教科書を開いて今までの Q&A をすべて文字で確認して答えます。

2 オーラルイントロダクション

教師が本文の内容を英語で説明する活動ですが，これを少し変えて，本文のトピックに関する説明や Q&A にします。なぜなら本文の内容を読む前に説明してしまうとネタバレになり，読む時の新鮮さや意欲を下げてしまいます。ですから「寿司」についての本文なら，生徒に次のような質問ができます。

> What Japanese food do you like? I like sushi very much. What sushi do you like? I like tuna. Do you know tuna? *Tuna-mayo onigiri* is popular in Japan. Yes. Tuna is *Maguro*. Look at this picture. This sushi is from Hong Kong. Its name is *azuki mayo gunkan*. *Mayo* means mayonnaise flavor. Do you want to try it?

このように本文内容の紹介ではなく，内容に関連した Q&A を交えて，ネット上で見つけた

香港の寿司「小豆マヨ軍艦」の写真を1枚用意して説明を加えるとコミュニカティブに本文への興味を高めることができます。本文を読みたい気持ちにさせる質問や情報を提供しましょう。

3　Q&A で本文読解

　事前に本文内容について質問を英語で3つ黒板に書き，生徒は本文を読みノートに解答を英語で書きます。読む，書くでは，会話と違い時間をかけてじっくりと考えることができます。さらに，英文を書く時自然に文法を正しくしようと意識が働きます。書くことで正確さを高め，オーラルの活動をしやすくし，流暢さを高めることを狙っています。そして，教師の解答を見て自分で書いた英文を修正し，さらに正確さが高まります。

4　Questions making

　生徒がペアで本文を読み内容に関する質問を作成する活動です。最初は1つから始め，慣れてきたら増やして難易度を上げていきます。作った質問を口頭や文字でクラス全体に投げかけて，解答まで行います。修正が必要な場合は教師がしますが，基本的に生徒たちで行うアクティブラーニングが望ましいです。教師は評価に徹することができます。

5　リテリング（retelling）

　英語教育界ではトレンドになりつつあります。この詳しい実施の仕方は後ほど取り上げますが，要するに，内容を理解した本文をその中で扱われていたキーワードを使い，思い出しながら再度英語で自分の言葉を使って表現する活動です。ペアで行うと聞き手がいるので話しやすくなり，最終的に立候補や指名で全体の場で発表させたい活動です。話すことに慣れて，緊張感を乗り越えさせる練習になります。

6　スキットづくり

　言わずと知れた活動ですが，対話文に適していて，登場人物の人数に合わせてペアやグループで取り組みます。本文の対話を自分たちなりにアレンジして新しい物語をつくります。そして，それをグループで練習して発表します。即興の対話ではありませんが，このような正しい英文を覚えてやり取りする練習が即興の英会話力の基礎になります。

Tips

　毎回の授業で1分間チャットやスピーチなどを行っていると，英語を話すこと自体が普通になり，抵抗感が低くなるので，他の活動でコミュニカティブにしても自然と話すようになります。

03 技能統合型の授業を目指そう！

　技能統合型の授業とは，１つのトピックについての取組を４技能のうち複数の技能を使った活動につなげていくことです。「話してから書く」「聞いてから読む」これも最近の英語教育界では「即興性」と共に盛んに取り上げられていることの１つです。

　学期末に "Living in a small town or a big city" というスピーチを書いて発表する授業の例です。まず，ペアでこのトピックについてブレインストーミングをしてノートに思いつくメリット，デメリットをできるだけたくさんメモします。そして，メモを見ながら１分間の即興のスピーチ（話すこと：発表）をしてパートナーに聞いて（聞くこと）もらいます。次に，自分が話したことを基にノートに英作文（書くこと）をして内容をふくらませて書きます。次に書いたノートを机の上に開いて置き，教室内を自由に動き回って友達が書いた英文を読んで（読むこと），付箋に感想，意見，助言を書いて（書くこと）貼ります。その後，席に戻りペアで誰の意見が良かったのかを語り合います（話すこと：やり取り）。そして，友達の英文や付箋の英文を読んで（読むこと）参考になったことを基に，自分の英文を修正し（書くこと）スピーチを完成させます。先生に提出し，チェックしてもらった後にスピーチをします（話すこと・聞くこと）。この活動のメリットは，

① 調べた単語を聞く，話す，読む，書く形式で複数回使うので記憶に残る。
② 友達の英文に触れて新しい意見，表現，語彙を参考にして自分のものにできる。
③ １つのテーマについて４技能で繰り返すので少しずつ英文の正確さ，表現力が高まる。
④ 即興のスピーチでは fluency を高める練習になり，それを英語で書く段階では時間をかけて英文を書けるので，文法や単語調べることができ「正確さ」を高めることができる。

1　簡単にできる技能統合型の Warm-up

❶ Word quiz（speak → write）

　広く使われているこの活動は，definition とか３ヒントクイズと言われることもあります。出題者がある単語についてのヒントを言って，当ててもらう簡単なクイズです。例えば，It's an animal. It can run very fast. Its color is black and white. 答えはシマウマです。この簡単なペア活動では，自分でお題を考えて，互いに口頭で行います。次に，それを英語で書いて，別の人に当ててもらいます。言うのは簡単ですが，書くのは意外と難しいのですが，自分で選んだお題で，言えた英語は本人にとって最適なレベルです。

❷1 minute speech & reporting （listen → speak）

　3単現の s を学んだ後に，座席が横同士のペアで自分の朝起きてから寝るまでのスケジュールを互いに1分間英語で話します。

　例：I usually get up at six every morning. I eat breakfast at seven. I go to school at seven fifty.

　次に縦の座席のペアで聞き取った内容を報告します。こうすると聞いたことを次の相手に話す時は主語が3人称になるので，そこを意識させます。

　例：Ken usually gets up at six every morning. He eats breakfast at seven. He goes to school at seven fifty.

2　簡単にできる技能統合型の新出文法・表現

❶日本語で作文し，英文にして，書く （speak → write）

　受動態を学習した後，グループやペアで受動態の日本文をつくり互いに発表します。

　A：私のペンはケンに使われた。　　B：私のケーキは弟に食べられた。

　この活動では，日本語で受動態になっていないこともあるので生徒同士で注意深く確認し，修正します。次に各自の文を英語で言います。難しい時は互いに助け合います。そして，その文を書きます。できたら互いに確認し間違いがある時は訂正します。教師は机間巡視し，いくつかの例を取り上げて全体のものにします。受動態は，日本語でつくれるようにしないときちんと理解できない生徒が多いです。

❷テーマに沿った1分間スピーチ後のライティング （speak → write）

　過去時制を学んだらペアで "Yesterday" について1分間話します。互いに話した後に，「今話したことをノートに書いてください。動詞は過去形になっていましたか？気をつけて書いてください」と先生が言って書かせます。自分で話した英語はもしかすると過去になっていなくても，書く時に過去を意識して修正できます。書き終わったらペアで確認させましょう。

3　本文

❶聞いて読んで質問に答える （listen → read → write）

　教科書を閉じて本文の音声を聞きます。教師は質問を3つ黒板に書きます。生徒は質問を読み意味を確認します。もう一度音声を2回聞かせて，答えを聞き取ります。教科書を開いて英文を読んで答えを考えてノートに書き，解答を提示します。

Tips

　1つの活動を複数の技能で行うことは，飽きずに反復練習をしていることになります。理解していることを技能を変えて繰り返すと印象深く記憶に残されます。

04 音読からリテリングへ

　進度の都合で，本文学習のまとめの活動を音読練習と音読発表にしてしまうこともあるかも
しれません。しかし，それでは現在求められている英語力や即興で英語を話せるようにするた
めの基礎力は十分つきません。音読は重要であることは間違いありませんが，その活動のプロ
セスは，**目で文字を認識し，脳内でそれを音に変化させて，口で音声化**している活動です。内
容を理解して音読している場合には，**文字を読む，読んだ文章の意味と英語の音，文字をつな
げて**今後の４技能の活用力を高めるかもしれません。しかし，音読で発話できるようにするな
ら，相当な回数を読み，暗唱できる状態にしなければ，発話にはつなげられないでしょう。

　リテリングとは，本文で学んだ内容を思い出して自分の英語の知識で再生する活動です。あ
る程度の英語の文法力，単語力，英作文能力がなければ難しい活動です。でも，これが近年の
本文学習のまとめの活動として注目されています。

　英語学習者が英文を話す時，大きく分けて次の２つの方法を使っています。

---

①　**文章ベースの処理**：話したい意味を，覚えている文章や句の塊で話す

　　　　　　　　　　　　　　　　　　　　　　　　　　　　（マッチング処理）

②　**文法ベースの処理**：話したい意味を，単語と文法で文章を組み立てて話す（計算処理）

　文章ベースの処理は，文法処理抜きに，言いたいことを丸ごと覚えている文が記憶にある時
に意味と文章がマッチングするので，それを音声化して話します。母語や小学校英語の学習に
近いでしょう。**文法ベースの処理**は，学んだ文法や単語，連語を一生懸命並び替えて英文を作
る計算処理になります。マッチング処理は計算処理より簡単で脳の負荷が低く即座に反応でき
ます。でも，たくさんの英文を覚えていないと話せません。しかし，計算処理は少ない知識で
多くの表現をつくり出すことができます。日本のような外国語学習者には両方の良さを使って
発話することが有効です。ですから，リテリングにもこのような力が必要になります。

　生徒たちがリテリングの練習をする最初の段階で本文を暗記している時におもしろい発見を
しました。それは，英語が苦手な生徒ほど，１つの文全体を音で暗記して一気に言おうとして，
個々の単語の発音や意味を気にしません。中位の生徒は単語や連語を覚えようとし，上位の生
徒は意味のまとまりのチャンクで英語を覚え，それを文法的に正しく並べようとします。です
から，下位の生徒には一気に１つの文全体を音で覚えることをしないように指導します。そし
て，まず，必要な単語や連語を覚えるようにさせると今後の学習に生かせる力をつけることが
できそうです。

リテリングする前にできるようにしておくこと

　　・本文の内容を理解している　　　・新出語句（同義語）をアウトプットできる

※基本的にペアでリテリングを披露し合うので，普段から１分間チャットやスピーチを行い，英語を話すことに対する心のハードルを下げておく。

リテリングしやすくするための準備

　　・本文の内容の要約（キーワードのピックアップ）　　・必要語句のメモ

1　教科書本文を基本としたペアでリテリング（本文学習直後に適している）

①本文内容のキーワードを抜き出して順番にノートに書く。または，教科書の新語リストを参照してもよい。

②日本語で内容の概要を話してみる。（スキップ可能だが，苦手な生徒には何を話すべきか理解でき，効果的に準備できる。聞き手もサポートする時にどんな語句を話そうとしているのかわかっているのでサポートしやすくなる。）

③キーワードリストの追加修正をする。

④キーワードを見ながら本文の内容を話す。（苦手な生徒は本文を確認しても OK だし，聞き手がサポートしてもよい。）

⑤学級全体の場で数人が発表する。

2　教科書本文を基本としないリテリング（本文学習の次の時間に適している）

①１回目，各自で何も見ないで前時に学習した内容を思い出しながら自分の英語で本文内容をリテリングする。ピクチャーチャートがある場合は黒板に提示しておく。

②２回目，ペアで前時にメモしたキーワードを見ながらリテリングする。

※もし，本文の内容について自分の感想や意見を言えるような内容の場合は，リテリングの最中や最後につけ加えるようにする。

3　本文の内容をリスニングでキーワードをメモしてリテリング

①新出語句を事前に練習する。

②何度も本文の音声を聞いて，聞こえたことをメモする。

③メモを基にペアで協力してリテリングをする。（交互に個別にしてもよい。）

Tips

　　毎時間，即興で話しているとリテリングしやすくなるので１分間の発話活動をしましょう。

05　1時間の授業をこう組み立てる

　『興味深くて，楽しくて，力がつく授業』が目標です。そこにたどりつくまでには，「楽しいだけの授業」「活動をたくさん入れても，学びがない授業」「何をしても生徒の反応が悪い授業」「自分でもつまらない授業」。一方で，「あっという間に終わった授業」「テストで点数が取れて意欲的になってきたクラス」「英語でやり取りしても全く問題ないクラス」「教師と生徒がぴったり噛み合って最高の授業」。毎回が実験みたいなもので，笑いあり，涙あり，手応えを感じたり，そうでもなかったり，成功と失敗を繰り返し気づいたことは以下の通りです。

　「何を学習する（知識，技能）のかを明確にする」「その活動でどんな力がつくのか明確に！」「文法の反復練習を毎回する（生徒はなかなか覚えない）」「練習したことしかできるようにならない（アウトプットさせないとアウトプットできるようにならない」「どんなに良い活動でもある程度継続しないと力はつかない」「宿題を出しっぱなしにしないで最後まで確認する（授業と家庭学習の連携）」「毎時間英語のコミュニケーション活動を入れる」「インプットしたらアウトプットする（4技能統合型）」「問題を解かないとテストはできるようにならない」「定着に帯活動は大切」「1つの活動が長すぎるとダメ」「アウトプットできるとインプットもできるが，インプットができてもアウトプットはできない」「ペアの文法チェック活動をあいさつの前にすると生徒が活発になる」「元気よく声を出させる」「授業で英語と人間性を鍛える」「クラスを one チームにする support & respect」「教師がしゃべり過ぎない」。

授業の組み立て方

1　帯活動(ウォームアップ, 前時の復習を兼ねた表現活動, 即興スピーチ, 文法の確認)

①ペアのチェック活動（既習文法とその文章）
②あいさつ& short speech, Q&A
③前時に学習した文法や表現を使った活動
④1分間の即興発話活動
⑤学年に応じたペア活動や全体の活動（フォニックス，パターン練習，不規則動詞 etc）

　ご覧の通り，授業前半は①ペアのチェック活動（文法と文章）を2分半×2回で既習事項の復習を1問1答形式でします。こうすると，生徒に活気が出てきて，眠たそうな生徒もシャキッとしてきます。そして②あいさつをすると声を出しやすくなるので文法も定着し，元気に声を出せるので効果的です。あいさつに続いて教師が昨日の出来事やニュースについて英語で少し② short speech, Q&A をするとさらに聞く・話すをパワーアップし，聞き手を引きつける即興スピーチのモデルになります。次に③前時に学習した文法や表現を使った活動でアウトプッ

トさせるコミュニケーション活動やゲームを行います。そうすると，学んだ直後は使えなかった文法や表現は少し時間が経つと生徒も受け入れられるようになっていて使いやすくなります。不思議なもので，初めて学んだ時は少し違和感があり自分の言葉として表現し辛いようですが，少し間をあけると新しいことを受け入れられるのでしょう。これは，前時に導入した文法や表現の発展的な活動なので復習と定着を図れます。次は④１分間の即興発話活動でチャットやスピーチをします。１年生の初日から自己紹介，知っている表現を駆使したチャットなどをすると，学年が上がるに従って話すことに慣れ，抵抗感が薄れ，５月中旬からの即興スピーチにもスムーズにつながり，さらに学期末に行う全員の前でのスピーチ，リテリング，プレゼンテーション，ディベートなどにチャレンジしやすくなります。また，話した後に書かせる活動も効果的です。時間がとれる時に行いましょう。⑤学年に応じたペア活動や全体の活動では，全体練習が必要なその時々に扱うフォニックス，数字，パターン練習，不規則動詞などのまとまった学習内容を練習して発声練習を兼ねて覚える活動を行います。こうするとウォームアップが各技能の基礎練習から発展練習にもなり，無理なく繰り返すことができます。

2　教科書の学習

❶新出文法・表現の学習（帯活動を含めた１時間扱い）

　文法や表現の指導方法は，演繹・帰納それぞれの方法があります。第二言語習得の研究論文によると大きな差異はないそうです。時間的には，演繹的な指導の方が帰納的に指導するよりも短時間で，勉強が苦手な生徒にもすんなりと受け入れられそうです。しかし，中学１年生は小学校まで意味と文章の塊を覚える形式だったので，中学校に入っても中学２年生初期～中期までは文法の指導の前に，その文法を含む英文をスラスラ言えるように練習してから，文法の説明をする方がスムーズに理解できて定着がよさそうです。

❷本文の学習（帯活動を含めた１～1.5時間扱い）

　本文の指導方法は，多種多様に扱うことができ他のページでも扱っているので割愛しますが，重要なのは読む気にさせることです。本文で物を扱うならその実物や写真を用意し，国，文化，行事を扱うならインターネットで動画や写真を探します。本文の関連情報でクイズ大会もいいです。

Tips

　最終的に気をつけるべき点は，バランスです。知識，技能，活動内容，授業形態，テスト，宿題の量，指導方法 etc. ビデオ撮影して自分の授業をチェックするといいですよ。

01　文字と音をつなげるフォニックス（Phonics）の基礎

　ALT に「Wednesday のつづりをどのように覚えたの？」と質問すると，ほとんどの ALT はフォニックスを使って Wed「ウエドゥ」nes「ネス」day「デイ」と発音しながら覚えたと話していました。でも，多くの ALT は笑いながら，英単語は発音した通りに書けないので，本当に困った言語だと言います。実際，フォニックスのルールで発音できる単語はすべてではなく例外も多いので，英語を母語とする国でもフォニックスについての賛否両論があります。学校では 5，6 歳で学ぶそうです。

　では，なぜ私がフォニックス的な基礎的な音の学習に力を入れるかと言うと，単語を覚えるのに便利だからです。私たち日本人は，ローマ字があるのでローマ字に関連させて覚えることもあるでしょうが，それも限界がすぐ来てしまいます。そこにフォニックスを加えると書きやすくなります。未習語を読むことにも使えますが，そこは中学校段階では重視していません。

　ここで，気をつけてほしいのは，本書を読んでいるみなさんは英語の先生で，中学生の頃は英語が得意だったことでしょう。そんな日本人学習者は自力で自分なりのローマ字やローマ字から自分で作り上げた子音だけの読み方（ア，ブ，ク，ドゥを直感的に作り出した）を組み合わせて英単語のつづりを覚えたのではないでしょうか？しかし，それは英語の勉強が得意な生徒にしかできないことで，英語が苦手で興味のない生徒には難しく，覚える方法を持ち合わせていないのです。まるで，外国人に漢字を覚えなさいと強制するようなものかもしれません。ですから，私たち教師は，すべての生徒に英単語の覚え方を教えることがとても有効です。

　各教科書の最初の方に「アブクドゥ読み」と言われるフォニックスの基本の音だけを紹介するページがあります。多くの先生はこれを指導はするでしょうが，一度勉強したらもう触れないかもしれません。これを短時間で長期間，最低ひと月継続してみてください。すると，英語を書くことが苦手と思う生徒は激減します。ただ，すべてそれで書けると思い，書く練習をおろそかにしてしまう生徒が時々出てしまうことに注意してください。

1　フォニックス（Phonics）の基礎の基礎

　フォニックスでは，「エイ，ビー，スィー，ディー…」をアルファベットの名前，「ア，ブ，ク，ドゥ…」をアルファベットの音と呼びます。一般的に教科書ではフォニックスという言葉を使わずに，アルファベットの文字が表す基本の音として，母音は 2 つ，C/G も 2 つ，それ以外は 1 つの音を扱っています。フォニックスには，マジック（サイレント）e など，他にたくさんのルールがあるので教科書の 1 ページは，ほんの一部なのです。本書では教科書に沿った

基本の音の指導について記しますのでフォニックスに興味のある方と基本の音をご存知ない方はインターネットや書籍で調べてください。かなりたくさんの授業で使える動画や画像があります。特に発音は大変重要なので，無声音に気をつけてください。

2 基本練習

①有声音（喉に指を当てて発音すると喉（声帯）が震える音），無声音（喉が震えない音）の違いを生徒に確認させましょう。

　例えば "cat" の c は，ローマ字で書くと ku ではなく，k だけです。ku と発音すると母音の u も発音してしまい有声音になってしまいます。喉に指を軽く当てて，k と ku の違いを体験させましょう。特に h は，有声音の ha になっている動画教材もあるのでご注意ください。h（無声音）と ha（有声音）の違いは重要です。

②母音はすべて有声音で，発音がローマ字と違うことを確認させましょう。

　a：日本語のアとエの中間の音とエイ／e：エとイー／i：イとエの中間の音とアイ／o：アとオの中間の音とオウ／u：アとユー

③子音には有声音と無声音があることを確認してから，次の単語の文字を見ながらカタカナの文ようにリズミカルに発音練習を全体でしましょう。

A: apple / cake　B: bag　C: cat / city　D: dog　E: egg / evening　F: fish
G: girl / giant　H: house　I: Internet / ice cream　J: juice　K: key　L: lion　M: milk
N: name　O: orange / nose　P: pen　Q: quiz　R: room　S: sun　T: tennis
U: uncle / uniform　V: volleyball　W: watch　X: six　Y: yellow　Z: zoo

---

アアアッポー，　エイエイケイク，　ブブバッグ，　ククキャットゥ，　スススィティー，　ドゥドゥドッグ，　エエエッグ，　イイイヴニング，　フフフィッシュ，　ググガール，　ジジジャイアントゥ，　ハハハウス，　イイインターネットゥ，　アイアイアイスクリーム，　ジュジュジュース，　ククキー，　ルルライオン，　ムムミルク，　ヌヌネイム，　オオオレンジ，　オウオウノウズ，　ププペン，　クククイズ，　ルルルーム，　ススサン，　トゥトゥテニス，　アアアンクル，　ユーユーユーニフォーム，　ヴヴヴァリボール，　ウォウォウォッチ，　クスックスッスィックス，　イェイェイェロウ，　ズズズー　　　　　　　　　　　※下線は無声音で発音するアルファベット

Tips

dog, cat など子音で終わる語の練習をすると日本語発音の無駄な母音の存在を理解できます。

02　フォニックスで読む，聞く，書く練習

　基本のフォニックスをひと月継続すると，発音が良くなります。それは，前ページのリストを最初から毎時間ペアで行うと，相手がいるのでサボれない。聞かれている緊張感があるので自然と集中します。また，Fの音の場合「フ・フ・フィッシュ」のように最初に文字が表す音だけの練習をするので，口の作り方がはっきり覚えられます。ですから，単語を覚える時は「口を使ってL・R，B・Vの違いを覚えなさい」と指導すると自然と発音が身につき，文字も書きやすくなります。このように，フォニックスを覚えると単語を覚えやすくなる，思い出しやすくなる，書きやすくなるのです。さらに，単語の発音だけを聞いて辞書でその単語を調べやすくなったという生徒もいました。

1　読む：文字を見て発音できる（発音を聞いて書けるようにするために）ようにする

　フォニックスを覚えるのは，単語を覚えやすくするためです。その準備として文字を見て発音できるようにします。まず，全体練習で，教師に続いて前ページのAからZの音と単語（各出版社の教科書のページでもよい）の練習をします。この練習の目的は文字の音を覚える，単語の中でどのように使われているのかを理解する，反射的に言えるようにすることです。

　次に，ペアで交互にaからzの音を練習します。リピートは聞いた音を真似して，正しい発音にする活動です。この練習は文字を見て，自分で音を作り出す力をつけます。「ア・ア・アポー」としているのは，イラスト（教科書使用の場合）のりんごを見てアップルだと認識し，aの音はアだと確信して発音しています。このヒント満載のページで練習をしばらく続けます。

　次の段階は，ペアで前ページのアルファベット表記のみを見て交互に発音します。イラストからの情報がなくなり本格的に文字を読むことにチャレンジです。

　次の段階は，ペアで交互にアルファベットの小文字だけをaからzまで「ア・ア・ア」「エイ・エイ・エイ」と発音します。単語がなくなり，文字だけになると少しハードルが上がりますが，他の単語でも発音できるように，前ページで固定した単語から離れることが必要です。

　では，最後の段階です。ここではzからaに逆からのチャレンジです。一定期間aから始めていると順番に覚えてしまいます。文字と音をつなげるためには，逆からペアで行います。

2　聞いて書けるようにする

　この段階まで来ると文字を見て音をアウトプットしているので，少し練習するだけで簡単に音を聞いて文字を書くことができるようになります。

　最初の練習方法は，1の全体練習の段階に行います。3回くらいリピート練習をした段階で，そのリピート練習の直後に「では，今から先生が発音する音を空中にそのアルファベットを小

文字で３回書いてください」と指示をして「ブ・ブ・ブ」と言ったら生徒はｂを書きます。このようにすると，次の小文字を読む練習につながりますし，小文字を書く練習にもなります。空中に書くと間違えても恥ずかしくないので書く練習の入り口としては最適です。

　次の段階はノートを使います。「今から，先生がフォニックスの音を発音するので，それを小文字で３回書いてください。では，第一問，フ・フ・フ。書きましたか？答えはｆです」と言って黒板に書きます。そして，「では，次の発音の文字はたくさんあります。全部書いてください。ク・ク・ク」そして，黒板に答えを書く時に「はい，では，答えをアルファベット順に言ってください」「c/k/q」と生徒に答えを出させます。初回は答えをペアで確認させず恥ずかしい気持ちにさせないようにしますが，「次回はペアで答えを確認するからね。しっかり覚えてきてね」と事前に伝えておきましょう。そうすると次回からは「はい，では答えをペアでチェックしてください」としても，問題ありません。納得の上でちょっと恥ずかしい気持ちになると，次は頑張らなければと覚えていない自分について反省しますが，初回に恥ずかしい気持ちにさせられると生徒は英語を嫌いになります。

3　書く（書いて単語を覚える）

　ある程度反射的に文字を見て発音できる，音を聞いてスラスラ文字を書けるようになると，ちょうど単語を覚える活動に最適な時期（ゴールデンウィーク前後）になります。英語の学習方法を知らない生徒に，英語の学習方法を教えるということは，その後の人生の英語学習に大きな影響を与えます。まず，この段階で単語の覚え方を指導しておくと効率的に英語学習を進めることができるようになります。

　まず，piano を黒板に書いて，「どうやって覚えたらいいですか？」と質問し，ローマ字のまま書けばいいということに気づきます。そうしたら，それをノートに２回書かせます。次に，friend はどうやって覚えたらいいか質問します。生徒は自分で考えて「フリエンド」を出してきます。一部をフォニックスに変えて覚える方法を覚えます。そして，最後の段階では「数字の８はどう書くと思いますか？」と質問します。色々出てきますが，eight を黒板に書いて，どう覚えるのかを考えさせます。

Tips

中学校入学後にローマ字を訓令式からヘボン式にすることを伝えましょう。また，各自の名前のローマ字表記をパスポートのホームページのローマ字変換サイトを使って，パスポート表記（例：佐藤 Sato, 毛利 Mori）にしましょう。

03 学校で教えた方がいいフォニックスの知識

　教科書でなぜフォニックスという言葉を使わないかと言うとおそらく，文字の音を練習するだけのページでは，フォニックスという名称を使うだけの十分なルールを扱っていないからでしょう。フォニックスにはたくさんのルールがあるので，教科書の１ページではほんの一部にすぎません。また，フォニックスを指導することには賛否両論あります。フォニックスを覚えることが目的になってしまう危険性やフォニックスが適合しない単語が意外とあるからです。しかし，アブクド読みは重要だということで各教科書に採用しているのでしょう。

　ここでは，たくさんのルールの中から学校で教えるべきフォニックスについて提案します。大切なことは簡単で直感的に使える，生徒の勉強が楽になることです。

1　基本のアルファベットの音で，音のたし算で単語を表現する練習

　生徒がよく知っている単語を使って音のたし算をします。bag という単語を生徒は既に発音することができます。これを分解して１文字ずつの音を並べて実際の単語で意識させましょう。ここでは，カタカナで表記しますが，生徒には文字ではなく，口頭で指導してください。

> b（ブ）　　a（ア）　　　g（グ）　→　b（ブ）a（ア）g（グ）　→　bag

　このように，最初は１音ずつゆっくり発音し，徐々に速度を速くして単語の発音の成り立ちを意識させて，書くことにつなげます。（例：bat, cat, cup, dog, fox, hat, mat, pig, sun）

　文字の数を増やして，少しずつ難易度を上げましょう。（例：desk, five, stop, piano, pencil）

> l（ル）i（アイ）o（オ）n（ン）　→　　lion

2　２文字子音

　次に２文字で新しい１つの音を作る子音を練習します。これは，フラッシュカードで発音練習してから，音を聞いて書かせる手順で行います。すべて子音なので母音を足さないように気をつけましょう。

sh：静かにしてほしい時に人差し指を口の前に立てて言う無声音の「シー」の短い音「シ」。
　　shop, fish, push, wash
ch：日本語の「ち」よりも口を丸めて無声音の「チ」。chance, lunch, March, switch

ph：f の時と同じ音の「フ」。photo, phone, elephant, graph

wh：唇をすぼめて丸くして w と同じ音の「ウ」。日本語の「う」ではない。日本英語の発音
　　では「ホ」と発音しているが違う。white, what, whale, whisper

th：　上下の歯の間に舌をほんの少し当てて無声音の「ス」。thank, think, bath, math
　　　上下の歯の間に舌をほんの少し当てて有声音の「ズ」。the, this, that, mother

ck：　c, k, q の「ク」と同じ音。back, clock, kick, rock, rocket, ticket

ng：　喉を舌の後ろの部分でふさいで，鼻に抜ける音の「ング」。書くと 2 音になってしまうが，
　　　鼻に抜く 1 音。English, king, long, sing, song, thing

3　2文字母音

oo：　　zoo のように唇をすぼめて口の奥から「ウー」。
　　　　book のようにあごを少しさげて「ウ」。

ou/ow：house のように「アウ」。now のように「アウ」。両方同じ音。

oi/oy：　oil のように口を少し開き「オイ」。boy のように「オイ」。両方同じ音。

au/aw：August のように口を少し突き出し気味に縦に開いて「オー」。saw のように「オー」。
　　　　両方同じ音。

4　マジックe（サイレントe）

　今までのルールは，無意識的にすぐ発音できるのですが，マジック e は意識的に使う知識だ
し，例外もあるので，授業では紹介程度にしています。反射的に使えるようになるのは難しい
ので，パッとその単語を見て，その単語の全体のイメージで読めるように，発音できるように
した方がいいです。確認の意味で覚えておくと便利です。

　このルールは，name のように，単語の最後に e がついている時は e を発音せずに e の前に
ある母音をアルファベット読み（エイ）するというルールです。アルファベット読みというの
は，長母音で読むことを意味しています。

```
a：エイ　　e：イー　　i：アイ　　o：オゥ　　u：ユー/ ウー
mat（マットゥ）→ mate（メイトゥ）　　Tim（ティム：人名）→ time（タイム）
```

Tips
　フォニックス全体に言えることですが，例外もあり，マジック e では，live は「リブ」「ライブ」の
両方があります。知っていると便利ですが，完璧ではありません。

04　語彙習得のために生徒にさせたいこと

　単語力をつけるために多くの先生は，単語テストをしているでしょう。それも従来から行われている定番の１つです。しかし，私はそれを止めました。現在は単元テストで単語を書かせる問題も含めて出題しています。そうするようになった経緯を書きます。

　昭和61年から生徒の単語力を高めるためや平常点として単語のテストを行ってきました。しかし，学力の二極化が表面化してきた頃から「明日，〇〇ページの単語のテストをします」と伝えても，まったく勉強しない生徒が少しずつ増えてきました。その対策として，「60％以上を合格点としてそれに達しない生徒は放課後に追試をします」と宣言しました。多少効果はあったのですが，思ったほどではありませんでした。そこで，全員に一定量の英単語を書かせることを課す宿題をするようにし，できていない生徒は放課後に残して，一緒に勉強するようにしました。しばらくすると，提出もきちんとするようになり，学習習慣が身についてきて放課後残る生徒も減少していきました。

　何を勉強すべきなのかを明確にし，細かく提出を確認し，一覧表にして生徒の努力を見えるようにして最低限の書く練習を保証しています。宿題は必ず家で行って提出するものですが，きちんと最後まで見ていないと出さない生徒もいるので気をつけてください。

　58-59ページの「お助けシート」をご覧ください。私が生徒に出している最低限の宿題です。表裏ができたらそれぞれに OK と赤ペンで大きめに書いて，記録簿に〇を記入するだけです。単語の小テストを採点して記録するより時間がかかりませんので大規模校でもできます。

1　フラッシュカードで練習（文字を読める・発音を覚える・言える）

　フラッシュカードで単語を覚える練習のゴールは，見せられた（フラッシュされた）単語を反射的に英語や日本語に変換できる力を身につけることです。この段階では書けるまではいかずあくまでも言える段階です。しかも思い出しながら言える段階は途中の段階で，ゴールは反射的に言えるようにすることです。ですから，教師もカードをフラッシュさせなければ意味がありません。最初はゆっくり読ませて，徐々にスピードアップしていきましょう。

> ①　英単語を見て発音する練習　→　思い出しながらできる　→　反射的にできる
> ②　日本語を見て英語で発音する練習　→　思い出しながらできる　→　反射的にできる
> ③　英単語を見て意味を言える練習　→　思い出しながら言える　→　反射的に言える

2　音を文字につなげる単語練習（フラッシュカードが望ましい）

　言えるようになると，次の段階は書けるようにすることです。逆に，書けるようにするには言えるようにしなければなりません。言えるというのは，言いたい意味の単語を記憶から引き出して音に変換することです。そうしなければ，音を文字に変換し書くのは難しいです。

　フラッシュカードで練習中に文字につなげる練習ができます。1つ目は，英語を提示して発音を推測して読ませます。すると生徒はフォニックスなどを使って一生懸命読みます。この活動自体が自然と文字に意識を向けさせます。2つ目は，英語を見せて英語を発音させる練習中に，"Please write it in the air." と言って空書きをさせます。この活動自体が文字を覚える活動なので，この時にコツを伝授するのです。例えば Wednesday なら「ウエドゥ・ネス・デイ」のように小さな発音の単位で切って覚える方法とフォニックスで読む方法を教えます。

3　文字を書かせる練習（宿題）

　私は，基本的に英語学習の効率化を図るなら復習のみに力を入れさせます。予習をしても新出語句，文法はすべて自信のない予想でしかありません。しかし，復習になるとすべての知識には間違いないという確証があります。そして，何でもかんでも覚えてしまおうとして挫折する勉強が苦手な生徒にも，覚えるべきことだけを伝えられます。そこで，「お助けシート」の新出語句を見てください。「歴史 history」となっているのは，まず，指で英語とふりがなを指などで隠します。そして，自分で発音「ヒストリー」を確認します。読み方に自信がある時は指で隠したまま，英単語を書きます。書き終わったら答えを確認し間違いは赤ペンで直して明確にします。1文字分間隔をあけて，また隣に指で隠しながら単語を書くというミニテストを自分で繰り返して書く練習をします。書けるようにすべき単語は2行，読めて意味がわかる単語は1行練習するようにします。提出させて結果をきちんと記録しておきましょう。

4　文字を偶発的に練習させる（新出文法の英作文）

　例えば未来時制を学習したら，「tomorrow, the day after tomorrow, next week, next Sunday をつけて未来のことを何でもいいので表現しよう」と設定し，先生が「私は明日寿司を食べるつもりです。」を全員に英作文をさせ，答えを解説します。その後，ペアで1分間交互に未来のことを英語で言います。そして，次の2分で言ったことを英語で書かせます。すると，自分が言える単語を使うので，書いて覚えやすくなります。言えるは書けるにつながります。

Tips

　ある程度書けるようになったら，書くことに役立つ接頭辞（bi-, co-, dis-, pre-, re-, sub-, un-），接尾辞（-able, -age, -ment, -ness, -ship, -tion, -ful, -less）を教えるといいです。

Program 2-1 Cherry Blossoms　現在完了：have ＋ 過去分詞　完了：〜し終えた　　　Name＿＿＿＿＿＿

「完了」を表す現在完了で一緒に使われる語　yet 否定文：まだ，疑問文：もう／already 肯定文：もうすでに

本文	語句
① Ken：Have you finished preparing your speech yet?	prepare 準備をする　speech スピーチ yet もう（疑）by〜 〜までに
② Mai：No, I haven't. I have to finish writing it by tomorrow.	
③ Ken：What are you writing about?	history 歴史 blossom 花（果樹）
④ Mai：I am writing about the history of cherry blossoms, *Someiyoshino*.	
⑤ Mai：Do you know that cherry trees and roses are in the same family?	rose バラ same 同じ 〜family 〜科 remember 思い出す，覚えている
⑥ Ken：It's interesting. Oh, I remember you like flowers.	
⑦ Ken：Where is a good place to see cherry blossoms in Tokyo?	recommend 勧める
⑧ Mai：I recommend you to visit *Shinjuku-gyoen*.	
⑨ Mai：There are sixty-five kinds of cherry trees in the park.	kinds of〜 〜の種類

本文を読んで次の問いに答えよう。

Q1. ケンの最初の質問を日本語に訳しなさい。

Q2. マイは現在何に取り組んでいるのですか。わかることをすべて日本語でまとめなさい。

Q3. Has Mai finished writing her speech?（英語で答えよ）

Q4. How many cherry trees are there in Shinjuku-gyoen?（英語で答えよ）

新出・重要単語練習

準備をする prepare

スピーチ speech

〜までに by〜
歴史 history

花 blossom

バラ rose
同じ same

・生徒に合わせて本文の語句にフリガナを入れることもあります。
・問題の解答は時間をかけずにあっさり終わらせましょう。
・新出単語練習は，書けるようにすべき単語は 2 行，読んで意味がわかればいい単語は 1 行です。

日本語訳を見て，英語を言えるようにしよう。そして，それを書けるようにしよう。

① あなたはあなたのスピーチの準備をもう終えましたか。

② いいえ終えてません。私はそれを明日までに書き終わらなければなりません。

③ あなたは何について書いていますか。

④ 私は桜，ソメイヨシノの歴史について書いています。

⑤ あなたは桜と薔薇が同じ科だと知っていますか。

⑥ えーそれはおもしろい。あーあなたが花好きだということを思い出しました。

⑦ 東京で桜の花を見るのはどこが良いですか。

⑧ 私は新宿御苑を訪れることをおすすめします。

⑨ 公園には65種類の桜の木があります。

> ・裏表逆に印刷すると和訳をくるっと表の英文に合わせて覚えやすくなります。和英サイトラ（詳細は66ページ参照）が終了したら，家庭学習で英文を書かせて提出させます。

~科 ~family

思い出す，覚えている remember（リメンバー）

勧める recommend（レコメンド）

~の種類 kinds of~

日本語に訳しなさい。次に，日本語に訳さなくても英語を英語で理解できるようになるまで英文を読もう。

① Ken：Have you finished preparing your speech yet?

② Mai：No, I haven't. I have to finish writing it by tomorrow.

③ Ken：What are you writing about?

④ Mai：I am writing about the history of cherry blossoms, *Someiyoshino*.

⑤ Mai：Do you know that cherry trees and roses are in the same family?

⑥ Ken：It's interesting. Oh, I remember you like flowers.

⑦ Ken：Where is a good place to see cherry blossoms in Tokyo?

⑧ Mai：I recommend you to visit *Shinjuku-gyoen*.

⑨ Mai：There are sixty-five kinds of cherry trees in the park.

01　英語を即興で話す力の高め方(accuracy 正確性 /fluency 即興性)

　演繹的 vs 帰納的，bottom up vs top down，文法訳読式 vs コミュニカティブ，正確性 (accuracy) vs 即興性 (fluency)，これらの用語は指導方法，学習方法，４技能や input, output についてなどカテゴリーは違いますが，両極を表す言葉です。即興力には正確さも大切だし，正確さを高めるためには不正確でも英語を即興で話す体験が必要です。今後はそのバランスがより一層大切になりました。『話すこと』が［やり取り］［発表］に分けられ，即興という言葉が何度も出てきます。以下の新学習指導要領の『話すこと』の目標を熟読してください。

> 話すこと［やり取り］
> ア　関心のある事柄について，簡単な語句や文を用いて即興で伝え合うことができるようにする。
> イ　日常的な話題について，事実や自分の考え，気持ちなどを整理し，簡単な語句や文を用いて伝えたり，相手からの質問に答えたりすることができるようにする。
> ウ　社会的な話題に関して聞いたり読んだりしたことについて，考えたことや感じたこと，その理由などを，簡単な語句や文を用いて述べ合うことができるようにする。
>
> 話すこと［発表］
> ア　関心のある事柄について,簡単な語句や文を用いて即興で話すことができるようにする。
> イ　日常的な話題について，事実や自分の考え，気持ちなどを整理し，簡単な語句や文を用いてまとまりのある内容を話すことができるようにする。
> ウ　社会的な話題に関して聞いたり読んだりしたことについて，考えたことや感じたこと，その理由などを，簡単な語句や文を用いて話すことができるようにする。

　従来のように単純に［やり取り］は，インタビューテスト，［発表］は，パフォーマンス活動を行えばいいのではありません。事柄について，意見感想を順序良く即興で話すのです。

1　即興で英語を話す力を高める活動

　授業で毎時間１分間チャットやスピーチをペアで行うことが即興で話す基礎をつくります。即興で話すには，ミスを気にしないで英語を話す力をつけなければなりません。緊張感，間違えたくない気持ち，恥ずかしさなど，英語力以前に乗り越えなければならないことは，英語を話すことを繰り返すことでしか解決できません。１分間の発話活動はとても簡単にできます。

① ペアで机をつけて座ります。チャットなら互いに向かい合って，表情を見ながら話すとコミュニケーションをとりやすいですが，最初から面と向かって話すことが恥ずかしいと思う生徒は緊張感が高まるので，最初はペアで並んでベンチに座っているように黒板側を見て話すことから始めるといいかもしれません。スピーチも同様です。

② チャットは，話始めのフレーズを教えましょう。"Hello. How are you?" から始めましょうとすると気軽にできます。話す内容は，１年生の最初は「知っている英語の質問を互いにしてください」でOK。少しずつ，教科書の進度に合わせたトピックを提示してあげると教科書の学習とリンクされて，新出文法の発展活動にすることができます。即興スピーチは話す文章のパターンや表現を提示しておくと，それを見ながら進めることができるので，話しやすくなり，同時にスピーチのパターンを覚えることができます。

③ 教師の合図で開始し，タイマーをオンにします。終了の合図でチャットなら "Thank you for talking." 最後にハイタッチ，スピーチなら "Thank you for listening." と言って拍手で活動を終了します。こうするとクラスの雰囲気が良くなってきます。

④ 終了後が大切で，自分が言いたかったけれど言えない表現，単語を調べるか，教師が表現方法について説明します。このタイミングが，英語力を高めやすいので重要です。

2 正確な英語を話す力を高める方法

正確な英語を話すためには，文法をよく知っていること，定型文をある程度知っていることが必要です。その力を高める方法は次の通りです。

① 文法：教科書の基本文で学ぶ，文法や場面に応じた表現を正しくしっかり覚えること
② 文章：教科書の本文は，正しい英文の宝庫です。これらの英文を覚えること

文法をよく知っていると自分の発話する英文が正しいかどうかをモニターしながら話せます。でも話の内容が難しい時やわからない単語に出会うとモニターする余裕がなくなり英文が不正確になります。しかし，文法は外国語を修正するためには必須の知識です。そして，正しい文章を覚えていると，そのまま発話に使うことや少し単語を入れ替えて話すことができます。教科書の正しい英文を何度も読んだり，聞いたりして，正しい英文の塊を蓄積させましょう。

Tips
教師が生徒の英文を直してあげる活動（修正フィードバックを返す）や間違いが２，３含まれる英文を修正する活動（sentence revision）も正確さを高めるには最適な活動です。

02　1 minute of speaking　3年間の流れ

　1 minute of speaking とは，とにかく英語を即興で 1 分間話す活動です。内容が「私の 1 日の
スケジュール」「自己紹介・家族紹介」「昨日の出来事」「将来の夢」「エコの取組」など様々で
す。ペアで行うことで話すことに慣れ，それをグループにし，最終的にはクラス全体の場で話
すことに慣れるように，緊張の度合いを徐々に高めていきます。

　話す英語の内容も教科書から乖離していると学んでいることと即興で話していることが連動
しませんが，これを連動させると前時の復習になるとともに発展的な発話活動になり効率良く
授業をすることができます。be 動詞，一般動詞，can を学んだら「自己紹介」，過去を学んだ
ら「先週末の出来事」，未来を学んだら「今週末の予定」「将来の夢」など都合よく帯活動を計
画できます。時々，過去に行ったテーマを選んで既習事項を復習させましょう。

「即興力を高める帯活動」3 年間の1 minute chat / speaking （『SUNSHINE ENGLISH COURSE』の場合）
◆ 1 学年
● 1 minute chat
4 月 初日から「1 minute chat」を導入（Let's Start を参考に）
★小学校の既習事項で可能。開始 :Hello, how are you.　終了 :Thank you for talking.
5 月 Program 2 互いに名前や出身を言う（can は小学校で既習なので使用させる）
5 月 Program 3 （肯定，疑問，否定）一般動詞を使った表現をプラスしていく
★時々 chat から speaking にしてみる
6 月 【My Project 1】　自分のことを話そう　【自己紹介スピーチ】
● 1 minute of speaking
7 月 自己紹介スピーチ終了後　1 minute of speaking 開始
7 月 【自己紹介に情報をプラス】 I like, I don't like, I can play, I can't eat など
7 月 Power Up 4　What time 学習後　【自己紹介＋ 1 日のスケジュール紹介】
get up / eat breakfast / get home / take a bath / go to bed
9 月 Program 6　3 単現の s 学習後　【私と家族のスケジュール】
10月【家族紹介／アニメキャラクター紹介】（例：ドラえもん）
This is～. He is 性格 . He can / can't ～. He likes （一般動詞） ～.
★感想や意見を付け加えて言い debate や discussion につなげる
11月【My favorite person ／アニメキャラクター】
12月【My Project 2】他人を紹介しよう　【他者紹介スピーチ】
12/ 1 月 他人を紹介しように即興で情報を加える。「家族，友人，芸能人，アニメ」
1 月 現在進行形学習後　Picture description

2月 過去形学習後【yesterday / last weekend】（例：テレビ，学校行事，外出など）

3月【My Project 3】知りたい情報を引き出そう

◆2学年

5月 助動詞・未来時制学習後　【tomorrow / this weekend / vacation】

7月【My Project 4】スキット作りを楽しもう（対話のつなぎ方）

　　★相づち，感想，質問を使ったチャット，相手のスピーチを能動的に聞く

9月 There is 学習後　Picture description【私の部屋，街，好きな国紹介】

9月 不定詞学習後　【将来の夢】I want to be a～. I will go to ○○ to study～.　スピーチの
　　　　　　　　　　構成（パフォーマンス活動5の構成を先取り）

11月【My favorite person】

11月【My Project 5】こんな人になりたい　スピーチの構成

12月 比較級学習後　【impromptu speech】Which do you like better,～or ---？

　　★意見を述べるスピーチ構成の定着。　例：「都会 or 田舎」「弁当 or 給食」

　　★ Picture description 写真やイラストを英語で表現する

2月 受動態学習後　～の頃にされたこと，感想

3月【My Project 6】こんなものがほしい　スピーチの構成（理由の表現方法）

◆3学年

　　3年生では，今までの活動をアレンジし，難易度を高める。（難しいトピック，制限時間
延長，話してから書く，他の生徒の書いた物を読むなど統合的な活動）

完了形学習後　小学校の思い出，習い事　have been to, have eaten

　　★英検3級，準2級2次問題の絵を表現する活動

　　★ News Telling　ペアの聞き手が後ろを向き，話し手はスクリーンの日本語のニュース
　　　　　　　　　　を英語で伝える。伝え終わったら，聞き手は理解したことを日本語で話
　　　　　　　　　　し手に伝える。終了後，スクリーンのニュースを確認する。この活動で
　　　　　　　　　　は，難しい日本語を自分の英語力で表現できる簡単な内容に言い換えて
　　　　　　　　　　英語で表現する力をつける。

　　★ Mini Debate　「都会 or 田舎」「弁当 or 給食」などについての簡易版ディベート。

関係代名詞　「これって何？」クイズ　1つの単語について，互いに関係代名詞を使ってヒ
ントを英語で出し合い当てるクイズ。

※トピックは，スポーツ，音楽，映画，テレビ番組，学校行事，休日の計画，日常の出来事
　など，身の回りのことで生徒が関心をもちそうなことを選択する。

※話してから書かせると文法とつづりの正確さを高めようとする。

03 モデルを聞いて, 自分で話して, もう一度話して, 書いてみる

1 インプットから始めよう

　授業の最初のあいさつの後はどんな活動をしていますか。私は, そのまま何かを英語で話します。それは, 教科書で学ぶ文法に関連づけたり, 本文の内容に関連づけたりすることも多いです。形式は帯活動の1 minute of speaking のモデルになるようなものです。次の左のスピーチのパターンの画面を提示しながら話します。Which do you like better, summer or winter? I like summer better. という比較表現を学習する場合です。

I'd like to talk about テーマ .
I like ○○ better than ....
I have three reasons.
First, ～
Second, ～
Third, ～
In conclusion, ～
Thank you for listening.

I'd like to talk about my favorite season. I like summer better than winter. I have two reasons.

First, I can enjoy camping. I usually go to the beach in my city. I can swim there. Also I can enjoy BBQ and fireworks in the evening. It's very fun.

Second, we can watch beautiful stars in the sky. We can't watch stars for a long time in winter because it's very cold outside.

In conclusion, I can enjoy many things in summer. Thank you for listening.

　生徒にはスピーチパターンのここを話しているというように, 指を指しながらスピーチをします。すると教えなくてもパターンを理解します。そして, 新出表現の Which do you like better, summer or winter? I like summer better. についても説明しなくても意味を推測することは簡単になります。では, ペアで1 minute of speaking をやってみましょう。

2 Pre-activity: 話す内容をメモしよう（話す内容と構成を考える）

　話す内容のパターンを見ながらモデルスピーチを聞いた後は, ミスが多くてもいいので生徒に話させます。話す前に, １分か２分ノートを開き, 夏, 冬どちらがなぜ好きなのかの理由をブレインストーミングさせてメモを作らせます。その中から２つか３つの理由を選び丸で囲みます。そして, 生徒は時間の許す限り, 話すパターンの例を見ながら頭の中でリハーサルをします。普段から帯活動で話している生徒は, 教科書の文法の導入であっても, 普段の帯活動だと思っているので, 構えることなくスムーズに入っていけます。この活動に慣れてきたらプラ

ンニングタイムをとらないで，即興で行います。いつも生徒にプランニングタイムが必要かどうか聞きますが，多くの場合いらないと言います。

3　While-activity: 話せないことに直面しながら話すことが大切（知りたい気持ちを高める）

　生徒は，自分の知っている限りの語彙力，文法力を駆使して一生懸命話します。聞き手のパートナーがいるというだけで自然と意欲的になります。そして，時々わからない表現に出会います。パートナーが一緒に考えて教えることもありますが，話している最中に挙手すると，教師がテキパキと教えましょう。自由に質問できる雰囲気をつくることが大切です。

4　Post-activity: 話したことは書きやすいこと（文法に目を自然と向ける）

　1分間は短いので，困って少し止まってしまうとすぐに終わってしまいます。でも，この活動で話したことが短かったとしてもノートに書くとなると時間がかかります。もし，話しっぱなしで終わったとしても色々な面でメリットがありますが，話したことを文字で書いてみることはさらに能力を高めます。言いたかったけど言えなかったことを活動中に手をあげて聞けなかった生徒もたくさんいるはずです。そんな時は辞書でその表現を調べることもできるし，落ち着いた中なら先生に質問もしやすくなります。さらに，前の項目でも書きましたが，英文を書く時には，自然と文法的に正しくしようという思考が働きます。これを self-initiated focus on form と言います。ですから，話している時は即興なので正確さは低く，即興性は高まるでしょう。しかし，書くことによって正確さが高まるし，ここまでの流れでおわかりのように，「聞く」→「話す」→「書く」という技能の統合が図られます。これによって，1つの活動が広がり，深く学ぶことができます。

5　時間があれば読ませよう

　普段の帯活動であれば書かせる段階まではなかなかできません。しかし，学期末のパフォーマンス活動の原稿を英語で書く場合はこの一連の流れが理想的な英文作成をしてくれます。そして，最後の Post-activity としては，それを机の上に置いて5分程度時間をとって，できる限りたくさんの友達の英文を読んで回ります。そうすると，その後，自分のスピーチを友達の英文を参考にして情報を加えることができたり，表現を修正することができたりします。

Tips

　普段の帯活動を休まず継続すると発話力が高まるとともに，自分は英語を話すことができるという自信がついてきます。「スピーキングは，習うより慣れろ」です。

04 和英サイトラ（Sight Translation）の実施方法

　教科書本文を理解した後，和訳を見ながら英文を発話できるようにする活動が和英サイトラ（Sight Translation）です。これは，教科書本文をアウトプットに使う方法です。あまり読解などに時間をかけなくても和英サイトラをした後にはスラスラ内容は理解できるので，内容理解はサッと一度軽く確認する程度にした方が授業の進度や定着度合いを考えるといいかもしれません。実施方法は，次の通りです。

1　Pre-activity：本文内容の把握

　本文を読む前の活動は，和英サイトラも通常の教科書本文の扱いも同じです。多様な活動で生徒の教材への興味を高めたり，４技能を駆使したりして導入してください。

> ・本文の内容を教科書を見ないでリスニングだけで内容を把握する。
> ・本文の内容についての質問をいくつか用意して，その答えを予想させてから，本文を読んで答えを見つける。
> ・従来の文法訳読式のように，英文を最初から読んで理解していく。
> ※この段階については，特にこだわらず，本文の内容が物語文，説明文などによって最適な方法を選択しましょう。

2　While-activity：パート別 Sight Translation

　本文の内容の大意を把握したら，Part 2 最後の「お助けシート」を活用し，教科書本文すべてを25分間で，生徒が協力して言えるようにします。黒板には左から順に本文の覚えるべき行数とネームカードを貼る場所を提示します。そして，最後の All は，本文すべて（写真では１行目から９行目）を言えて終了した生徒がネームカードを貼る場所です。

　どの学年も教科書本文は多くて９行から12行程度の構成なので，その内容を３つのパートに分けて，パートごとに英文を言えるように何度も英文を読んで覚えていきます。この段階で言えたかどうかの合否判定は生徒同士で OK です。合格するたびに，黒板の各パートに自分のネ

ームカードを移動します。わからない単語は教師や友達に質問して覚えます。

3　While-activity：すべての Sight Translation

　最後の段階は All として，すべての本文を日本語から英語への Sight Translation を教師の前でします。1，2の小さなミスはＯＫとして判定します。この段階で，教師は発音，文法，語順などのエラーを修正することができます。また，many を a lot of にするような言い換えは可能です。All の合格者は，ネームカードを最終の場所に移動して終了です。

　英語が得意な生徒は早く合格し，英語が苦手な生徒はたくさんのわからないことにぶつかり時間がかかります。その生徒たちのサポーターとして合格した生徒を派遣し，つきっきりで個別対応をして伸ばしていきます。教えることは，学ぶ上で最も記憶に残りやすい方法の1つなので教える側，教えられる側の両者にメリットがあり，連帯感も生まれます。

4　Post-activity：家庭学習とリンク

　授業終了時に「休み時間や放課後でもいいので和英サイトラをしにおいで！」と声をかけましょう。もう少しで終わりそうな生徒やできなかった生徒にチャンスの扉を開いておきます。こうして努力が報われるシステムにしておくことで安心して取り組むことができます。

　帰宅後，「お助けシート」の和訳を英文で書くところを宿題にします。それだけでは英文を書けるようにはならないので，力をつけるために，学習者として自立させることを目標として，ノートに練習することを伝えましょう。

　そして，次の授業の warm-up でサイトラに再度チャレンジさせましょう。覚えたことは1回で終わらせず，適度な時間をおいて再チャレンジさせるとしっかり覚えられます。覚えた英文，節，句は即座の英会話に対応できる英語表現の塊の数を増やすことになります。

Tips

サイトラ後の次の授業の1 minute of speaking の帯活動ではサイトラをすることができます。難易度設定ができますので色々なバリエーションを使い分けましょう。

① 和訳を見せてサイトラ
② 和訳を見せないでサイトラ（必要に応じて英文チラ見）
③ 英文を読んで確認後にサイトラ
④ 和訳を見ながらサイトラ＋感想，意見をプラスをペアで披露し合う

05　和英サイトラの分析

1　和英サイトラの結果

　私は，十数年和英サイトラを行っていますが，北海道全域で行われている学力テストでは，他の学校よりも得点が5〜10点ほど高いことが多く，この活動が効果的であることがわかります。また和英サイトラについてのアンケート結果は以下の通りです。

　「和英サイトラは英語の力がつくと思いますか？」94％の生徒が，英語の力がつくと実感しています。ぜんぜんつかないと回答した生徒は英語が得意で，なぜ，そう答えたのかを聞くと，書けるようにならなかったのでそのように答えたそうです。

　次に，教師からすると和英サイトラは負担が大きい活動だろうと思い「和英サイトラはきついですか？」と質問しました。回答は，ぜんぜんつらくない27％，あまりつらくない36％の合計63％の生徒はそれほどの負担を感じていませんでした。まあまあ26％，よりもつらいと感じている生徒は合計11％に過ぎませんでした。

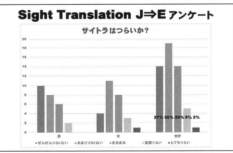

　単に教科書本文を暗唱させるよりも和英サイトラの方が生徒には簡単だそうです。理由としては，単なる暗唱には「英文を覚えること」「英文の順番を覚えること」があるからです。しかし，順番の暗記は英語力の向上にはつながりません。和訳を見ながら英文を言うようにさせるとその負荷はなくなると同時に，本文を組み立てるために単語を並び替える段階で文法に注目する生徒が増えたことも英語力を高めるために役立っているようです。和訳を提示するという足場かけは，かなり生徒の負担を減らし，違うメリットもあるようです。

2　考察

　和訳の意味の塊ごとにスラッシュを引いたものを使用すると，生徒はまず，それを英語にすることに注意を向け，次に，それらを並べることに注目し，体験的に語彙と語順のルール（文法）をそれぞれの生徒がそれぞれのレベルに応じて覚えると同時に，既習知識を何度も使っていました。生徒に聞いてみると，個人の英語力の度合いによって注目している部分が違うことがわかりました。英語が苦手な生徒ほど1文全体を一気に覚えようとしていることがわかりま

した。それは，単語の発音と意味を理解していないために，それをカバーするための行動で，一気に文章全体を音で覚えてしまう方が楽だったからだとわかりました。

　ここで，大切なことは，全生徒がこの活動を１つのチームとして取り組む心構えをもたせることです。なぜなら，先に終了した生徒がいると，できない生徒が焦ってしまうからです。なので，和英サイトラをする前に「この活動は簡単なことではありません。全部できなくても１文でも２文でもより多く覚えることで，それぞれの生徒の英語力が高まります。だからクラスを１つのチームとして『互いに support & respect する』ことを目指して取り組みましょう」と生徒に伝えることが必要です。

　この活動では，英語力を高めるだけではなく，生徒同士の交流が促進され，今まであまり交流のなかった生徒との会話が増えたという生徒もいました。また，教え合いが増えたので，教師ひとりで指導するよりも定着が速く多くの生徒に広がっていきました。終了した生徒は，困っている生徒をサポートすることで，サポートした生徒ができた喜びが本人だけではなくて，サポートした生徒にも湧くようになりました。回を重ねるごとに英語力が高まり，覚えることも容易になってきたそうです。学期に一度，この活動についてアンケートをして，改善を重ねることも大変重要になります。なぜなら，クラスにはそれぞれの個性があり，生徒たちの声を活動に反映すると自分たちでつくり上げた活動になり，意欲が高まるからです。

Tips

和英サイトラを実施して気づいたコツです。

- 前時に内容理解・音読練習後，「お助けシート」を配付すると次時までに覚えてくる生徒が増えます。
- 活動を２時間の授業に分けない方が All を終了する生徒が増えます。（例：初日10分 ＋ ２日目15分）このように２時間に分けると全部終了する生徒が減ります。
- 和訳に意味のまとまりごとにスラッシュを入れると合格者が増えました。しかし，スラッシュを入れなくても自分で意味の塊を英語にできるようにしたいです。
- 生徒からの要望ですが，本文の難易度で時間を伸ばしてほしいということでした。確かに，対話文は単なる会話なので内容は簡単で文も短いですが，説明文では単語が難しく，１文が長くなる傾向があります。そこも配慮するといいでしょう。
- 文の最初でつまる場合は，その最初の１音を教えましょう。

Column
授業づくりで大切にしている5つのこと
（大塚謙二編）

1　FUN で INTERESTING な授業

単純に「楽しい」「へー！そうなの！」と感動と気づきのある興味深さがあるといい。

2　クラスが ONE TEAM になるように　生徒同士が SUPPORT & RESPECT する授業

生徒同士の助け愛は，教師の力以上！
互いに大切にする心と援助があるといい。

3　バランスの良い帯活動・ペア活動で，楽しく，自然と元気になる授業

4技能バランス良く，ペアやグループで活動的に，「気がついたら元気だった」がいい。

4　授業と宿題をリンクさせ，きっちり提出させ，そして，躾を大切にする授業

家庭学習もテストも言葉遣いも躾も Good!
生徒の進路実現のお手伝いができるといい。

5　英語力と人間力を UP する授業

授業で英語の知識を学び，発表活動で緊張を克服し，ペア活動で思いやりが育つといい。

Chapter **3**

発信力を身につける！

４技能統合型の言語活動アイデア

Profile**3**

胡子美由紀 （広島県広島市立古田中学校教諭）

４歳から始めたエレクトーンの先生に憧れ，エレクトーンの先生になると猛練習（高校卒業まで続ける）。しかし，小学４年生で人生を決定づける出会いが！母の勧めで LL 教室に通い英語と出会う。飛び交う言葉は全くわからず，外国人の先生とは本来の人見知り（笑）を発揮し喋れず。それでも英語は楽しく，中学入学前にはすでに英語教師になろうと決意。喘息治療で始めた水泳にハマり小中高大と水泳部に所属。インカレにも出場。日焼けしすぎで大学ではネイティブの先生から"She is a panda!!" と言われるも英語教師を目指し猛勉強。体育会の熱いハートを英語授業に注入。クラスが One Team となり挑戦する授業を展開中。広島市内の公立中学校，広島大学附属東雲中学校を経て，現在は広島市立古田中学校に勤務。生徒の発話の即興力と発信力を高め，協同的な学びを育む授業づくりを研究。

座右の銘
一心不乱

01 即興的なスピーキング力を育てる4つのポイント

1 横軸縦軸を意識し，ベイビー・ステップでしつこく繰り返す帯活動

単元・時に関係なく毎時間行う活動が帯活動です。私の授業での帯活動を活動同士のつながりをもたせ，後半のメイン活動との接続（縦軸）を考えた構成にし，毎時間（横軸）しつこく繰り返すようにしています。継続的，系統的な取組で，1時間で培うのが難しい力を育てることが第一の目的です。

チャットやモノログなどの即興アウトプット主体の言語活動を行い，アウトプットする中で生徒の中に語彙や表現の習得となるインプットと気づきや内在化につながるインテイクが起こるように仕掛けます。帯でこうした活動を行うことは，4技能のバランスの良い習得にも絶大な効果を発揮します。どんな生徒も見通しをもち安心して取り組むことができます。生徒にとって短期間で習熟・定着しづらい力を見極め，克服に導く活動をルーティン化しませんか。

■帯活動のメリット

□活動の固定化により，生徒は見通しをもち取り組むことができる（安心感）

□無駄な時間がなくなる（スピード感）

□繰り返しにより親しみが湧き自信をもち活動することができる（単純接触・条件反射）

□困難だと思う活動があっても，次の活動でリセットすることができる（切り替え）

□繰り返しにより定着困難項目を復活することができる（既習事項の定着）

□出力を自動化するベースを培うことができる（メイン活動への自信）

□生徒の実態に応じて活動を組み替えやすい（補強）

---

2 意欲を高める自己関連性

授業で即興的な活動を行った時に，生徒たちがのってこなかったことはありませんか？そういう時には，生徒が体験したことや興味ある自己関連性の高いトピックを取り入れ，生徒自身の経験や考えなどを引き出していくことをお勧めします。自分が体験したことを軸にして語ると自分にしか伝えられない内容になるので，オリジナリティの高いものになりこだわりが生まれます。さらに，既習の語彙や表現を活用しながら語ることができるので，聴き手にも伝わりやすい内容となります。関心の高いものを取り入れることは，意欲を喚起します。

3 　リアルな社会を知り発信力をつけるトピック

　伝えたい内容があり，それを伝える相手がいて初めて，人の心は動きます。特に，即興性重視の授業では相手・内容と伝え方が大切です。伝え方についての詳細は後述しますが，文法や知識をインプットしてからアウトプットする従来のやり方では即興力は育まれません。即興の肝はトピックです。英語を通してリアルな社会を知り，社会に英語で発信する力をつけるために，生徒の関心が高く身近なものから世界や日本の現状に関する内容を取り上げましょう。

■おすすめトピック（下線部の語を変えバリエーションを豊かにできます）

【1年生】□自己紹介 □他者紹介 □ My Day □ My favorite book □ Things I did yesterday □ Things I want to do on the weekend □ My routine □ Sports Day □ School Festival □ School Camp □ My hero □ What I'm interested in □ New Year's Resolution

【2・3年生】□ My Dream □ My Summer Vacation □ School Trip □ Peace Message □ Things I will do after school □ Places I want to visit □ My plan in summer □ My precious things □ Person I respect □ Reclining seat issue □ Things we can do to save the earth □ Japanese Culture □ My future □ Reasons to study English □ What we can do for people in need □ What would you do if you had one month holiday? □ Memories in Junior High School

■社会問題（□人権 □ＳＮＳ）

■国際問題（□飢餓 □難民 □地雷 □紛争 □平和）

■異文化理解（□食 □ファッション）

■環境問題（□温暖化 □リサイクル □エネルギー問題）

4 　Learning-centered で学びを最大限に高める協同学習

　即興の言語活動で協同学習を仕組むと，言葉への気づきだけでなく，信頼関係を築き人としての成長を促すことができます。仲間がメンターとなるからです。一人では解決が難しい課題を生徒同士で乗り越えることを目指し，授業自体を仲間と互いに協働しながら学びを深める場にしてしまいましょう。文法や暗記，単語テストなど一人でできることは自学でやればいいことです。学校だからこそできる仲間とのコミュニケーションや英語を活用したアクティブな学びを大事にしましょう。生徒たちは，仲間がいると，一人では感得できなかったことや深く掘り下げることができなかったことに気づきます。認知的葛藤が起きることが学びを刺激します。共に課題に挑み，自分の学びと仲間の学びを最大限に高めるのが真の協同学習の姿です。

Tips
　4つのポイントを生かし即興スピーキング力を高めるには Output first!

02 日常的な即興スピーキングで多量のアウトプットを！

1 アウトプットする機会と場面を！Fluency first! Accuracy second!

　私の授業では，生徒たちがコミュニケーションに必要な場面で言語材料等の形式（文法）を認識し，意味内容・言語形式・機能とのつながりを理解するプロセスを大事にした授業デザインをしています。「言葉は使いながら学び，使う中で身につける」ものだからです。では，生徒たちに英語を使わせるにはどうしたらいいでしょうか。生徒がアウトプットし，困る場をたくさんつくることです。そのために，言語活動を事前準備なしで既習の知識を活用できる即興型にしていきましょう。

　これまでの日本の英語教育は，accuracy（正確さ）重視で，入念な準備とインプットが最初にありきの発想，「習ってから使う」がベースの指導が主流でした。その結果，文法や発話の正確さを求めるあまりに発話に臆病になってしまい，知識はあるが発話の経験が乏しく自信をもてない生徒を生み出し，習得に時間がかかっていました。私の発想は全く逆です。「使う中で身につける」のが言語習得の近道です。赤ちゃんが言葉を覚えていく過程，聞いたものを真似るのが最も理にかなっています。正確さ & インプット重視から脱却し流暢さ & アウトプット重視の授業にしていきませんか？生徒たちは前のめりになりイキイキと英語を使い出します。

2 フォーカス・オン・フォームで「言いたいけれど言えない」体験を！

　即興アウトプットでは，「言いたいけれど言えない」表現が必ず出てきて生徒は言えなくて困ります。この葛藤と知的ハングリー感をもたせるのが即興性の醍醐味です。「知り（言い）たい」という意欲が引き出されて初めて言葉に命が吹き込まれます。そこで，自分に欠けている語彙や規則体系に気づきます。それは自分が習得すべきものへの気づきでもあります。言えない経験をすることが様々な気づきを生み，自分に欠けているものを補う動きを活性化します。

　この一連の学びがフォーカス・オン・フォームです。従来のように表現や言語形式を学んでからアウトプットする活動を行うのではなく，先にアウトプットする中で表現や言語形式が焦点化され，生徒は使いながら自然な形で言語習得をすることができます。スプーン・フィーディングで与え続け（インプット・オンリー），形式をコントロールして表現させる段階から，即興アウトプットで生徒は豊かな表現者に，また自律的な学習者になっていくことは間違いありません。

　過酷な状況に追い込まれるとその場を切り抜ける生存本能が人を成長させると言います。「まずは話してみよう」という無茶振り（笑）が英語学習には必要ということです。この点で，扱うトピックや内容を単発ではなく帯活動で繰り返すなどの足場かけが効力を発揮します。

3　Hole in One! ＋2Lで安心して自分を出せる環境の醸成を！

　私は，1年生4月の第1時間目から即興chatやスピーチもどきを行います。簡単な内容で言えることは英語で言わせます。授業は日本語でなく英語で表現するのが当たり前だと思わせましょう。最初は戸惑いがあっても，小学校で使った表現や知識を活用しながら切り抜け，生徒同士のフォローや教師のサポートで生徒はどんどん話し出します。自分が受け入れられている安心感があるからです。それは私が掲げる6つのモットーから安心して話せる環境が醸成されることに起因します。中学生にはできないと生徒の力に限界をつくっているのは，案外教師の方なのかもしれません。ピグマリオン効果とハロー効果が生徒の力を伸ばします。

【Hole in One!】Help each other! Be original! Learn from friends! Express ideas in English!
【2L】Let's make mistakes! Leave no one behind!

4　即興力と瞬発力を育む6 rules!

　スムーズにコミュニケーションを図っていく上で大事なことは，臨機応変にできるだけ速くレスポンスをすることです。即興力（SKR）と瞬発力（SPR）です。リアルな社会では，常にいろんなアップデートが次々に行われ，コミュニケーションでも速さが求められる場面があります。英語学習初学者だから，学校だから待ってくれるという考えは社会では通用しないこともあるでしょう。

　そこで，英語の授業でも実社会で活きる，生徒たちの英語の即興力と瞬発力を鍛えましょう。普段の生活や授業の中で自分の伝えたいことをサッと言葉にする，すなわち自動化するために，次の6つのルールを生徒と共有しています。

1　「何て言うのだろう？」アンテナを立てる（英語で思考するきっかけにします）
2　よそ行きの日本語で考える（日本語は省略の言語。語順を意識させます）
3　小さい子に話すつもりで考える（わかりやすくシンプルな語を使うようになります）
4　結論を最初に説明は後にする（英語は大切なことを先出しする言語です）
5　事実と感想で話を組み立てる（言えることを増やします）
6　意見には理由3つと具体的な根拠などを示す（プラス・マイナス両面から捉えます）

Tips

「使いながら学び，学びながら使う」授業にしていきましょう！

03 即興的なやり取りの日常化を！

1 生徒を主役に！

　授業の中で生徒が自主的に活動する時間はどのくらいあるでしょうか。モチベーションを高める上で大切なのは，生徒一人ひとりが主人公となり活躍する場があることです。しかも英語を使って。様々な生徒がいますが自分が主役になったら悪い気はしないものです。生徒を日常的に主役にし英語を使わせるのにお勧めしたいのが，Teacher Talk から生徒の生の声や思いを引き出すやり取りと Student Teacher（ST）です。前者は ST の中でも息づいているので，ここでは，ST をご紹介します。ST は，拙著『生徒を動かすマネジメント満載！英語授業ルール＆活動アイデア35』（明治図書）でご紹介した Today's Teacher のグレードアップバージョンになります。

　授業冒頭で教師の代わりにその日の教師役になった生徒（ST）が授業を進めます。ST は自分の中で構想を練ったプレゼンテーションを行います。イラストや写真，パワーポイントを使った Show & Tell のようなオリジナルのプレゼンです。初めはドキドキ感が伝わってくるくらい緊張する生徒もいますが，こうした緊張感を乗り越えることが大きな自信となることは言うまでもありません。また，仲間が前で頑張る姿は，ST でない生徒の大きな刺激にもなります。仲間が一生懸命役割を果たそうとする姿に，集団の中に温かい空気と共に乗り越えようとする一体感が生まれます。クラスが One Team として結束を強めることにも貢献する活動です。

2 interactive なやり取りで真の即興性を！

　One way なプレゼンではなく，ST は interactive に聴き手を巻き込むように，同意を求めたり質問をしたりしながら進めるのがポイントです。聴き手は相づちやうなずきなどのリアクションを返し，既習語彙と表現を活用しながら，内容の質問とコメントをその場で考えます。聴き手の生徒たちは初めて聴くプレゼンに対する質問やコメントを考えるので，まさに即興性が鍛えられ，既習事項を活用する場面となります。聴き手の問いに対して ST も瞬時に思考・判断し応答することが求められます。この活動の自然な即興やり取りが生徒の気づきを促し学ぶ機会となります。

　必要があれば教師は recast などでフォローします。また，教師が相づちを打ったりリアクションを返したりすることが，interactive なやり取りのモデルになります。こうした活動を一期一会でなく帯活動の中で毎時間継続的に行うことが，生徒の大きな自信となり後々の発信力と豊かな表現力を獲得していくことになります。また，やり取りする文化を根づかせることになります。

3　Something new でモチベーションアップ！

　１年生の初回は，３ヒントクイズや簡単な自己紹介，聴き手への質問など，小学校で学んだ表現を活用する内容を選ぶと心理的ハードルが下がります。また，既習の内容ばかりでなく，Something new のエッセンスが入るように工夫をさせます。特に，生徒自身のことだと知っていることばかりで聞くのが退屈になることもありますが，仲間が知らない内容や新しいことが入ると，聴き手の集中力を高め，仲間の発表にある表現から学ばせることができます。

　また，最初のプレゼンの前には本番を意識したリハーサルを行います。このリハーサルは生徒と教師がコミュニケーションをとる機会にもなります。「うまくいった」という成功体験を積ませることが本番への自信となり，自己効力感を高めます。ステージ度胸がつき，英語でやり取りすることの楽しさや達成感を得ると，次の活動への意欲を高めます。自分が活動の主体だと感じることで生徒の能動性を高め，自分の役に立つと捉えるとさらに意欲が高まります。

4　生徒主体にし，即興インタラクションの場をつくる Student Teacher

■活動の流れ（活動の目安１年生３〜５分，２・３年生５〜10分）
①本時の Student Teacher は前回の Student Teacher が選んでおく
②教師の合図で前に出て曜日・日付・天気・時間などを尋ねたり質問させたりする
③ Student Teacher がスピーチをする
④聴き手は相づちやリアクションを返し，反応しながら聴く
⑤スピーチ後聴き手は Student Teacher に質問とコメントをする
⑥ Student Teacher は質問とコメントに応答する
⑦次回の Student Teacher を選出する
⑧聴き手は拍手で Student Teacher を称える。必要があれば教師がフィードバックをする

┌─ Student Teacher をした生徒の感想 ─
　今日は公開研と DVD の撮影がありました。たくさんの人が見に来ていてとても緊張しました。特に Student Teacher は緊張しました。私は前に出てやることはあまり得意ではないけれど，みんなが笑顔でリアクションしてくれたので，気持ちがとても楽になりました。グループでの活動も discussion を楽しみながらできてよかったです。Miyuki が私の背中を押してくれたお陰で何かをやり遂げる時の達成感を学べたし，合唱大会の全体合唱の伴奏の失敗もリベンジできたかな？と思います。本当にありがとうございました !! Student Teacher やってよかったです！

Tips
　生徒の自主性を引き出せる即興性の高い言語活動を取り入れましょう！

04　リアクションでツッコミ名人に

1　即興性のベースを築くリアクション！

　コミュニケーションを豊かにするには，相手の言ったことに反応して対話をつないでいくことが大切です。簡単にでき，継続的に行うことで，教え込まなくても「使いながら習得」に導くことができる優れものがリアクションです。生徒たちは日常的にリアクションしていく中で，いつの間にか表現を増やし身につけていきます。リアクションは簡単なものから少し頭を捻るものもありますが，瞬時に場面に応じた表現を判断して英語で返すことを習慣づけることが大切です。教師にも生徒にも「授業は黙って聞いているだけのものではない」という意識改革も必要かもしれません。

　リアクションには様々な種類があります。聴き手の参加を促す繰り返し，相づち，問いかけ，言い換えや filler などです。これらは対話の継続に必要な表現とスキルです。普段使いの表現として，毎回の授業のあらゆる場面で使うことで生徒の負荷を下げることができます。リアクションによるインタラクションが，自然に英語を使用しやり取りする場面となります。

■生徒が使える主なリアクションの種類

1．Recast	適切な英語で言い換える
2．Elicitation	自己修正を引き出す
3．Clarification Request	聞き返すことで明確化する
4．Mentalinguistic Clues	繰り返して気づきを促す
5．Repetition	日本語で言ったことを英語で繰り返す
6．Expansion	単語で言ったことを英文で言う
7．Paraphrasing	正しい表現に言い換える
8．Explicit Correction	誤りを指摘し正しい表現を伝える

　実は，質問やリアクションを考えながら相手の話を聴くことで，リスニングをしているように思えてスピーキングを鍛えていることになります。これを「プライミング効果」と言います。ある刺激が次の刺激の情報処理に影響を与えることが脳科学の研究でわかっています。英語では，4技能（5領域）統合型言語活動で効率的かつ効果的に脳が鍛えられ，言語習得が促進されます。コミュニケーションは単体の技能で行われるものではありません。リアクションというちょっとしたきっかけが技能統合型言語活動へのスムーズな橋渡し，足場かけになります。

2 うまい対話のつなぎ方

　前ページの一覧から，生徒たちが簡単に使えるものを取り上げてみましょう。例えば，週明けの授業で "My weekend" でチャットをしている場面だったらどうでしょうか。

> A：Shall we talk about what we did on the weekend?
>
> B：Weekend?（繰り返し・確認）All right. I went shopping with my mother.
>
> A：Oh, did you?（相づち）Where did you go and what did you buy?（ツッコミ質問）
>
> B：I went to Waseda shopping mall to buy a red pen.
>
> A：Oh, did you buy a good one?（ツッコミ質問）
>
> B：Yes, I did ....

　さらに対話が進むと意見や感想を述べる場面なども出てきます。リアクションを返すためには，表現を知っていることはもちろん，話を聴く姿勢が身についていることが必要です。発話後のリアクションを徹底すると，生徒の集中度が上がり，リアクションすることの目的である他者とのコミュニケーションがよりスムーズになります。実は，Good communicator の育成には Good listener の育成がまず必要です。聴き手が育つと生徒のアウトプットは格段に増えます。生徒が英語を使い，やり取りが増えると気づく場面が増えます。それが，フォーカス・オン・フォームでの言語習得への近道になり，授業自体が生徒の主体的な学び場となります。

3 生徒をリキャストできる mini teacher に！

　流れを遮らずに伝えようとしている内容をくみ取り正しい表現に直すのがリキャストです。言い換えで話者の注意が言語形式や表現に向き，自分の表現とリキャストによる表現を比較することが言語への気づきとなります。教師とのインタラクションの中での何気ないリキャストから学び，生徒が自ら仲間の表現にリキャストできるように導きましょう。

> A：Shall we talk about what we did on the weekend?
>
> B：Weekend?（繰り返し・確認）All right. I go shopping with my mother.
>
> A：Oh, you went shopping, didn't you?（リキャスト・確認）
>
> B：Yes. I went to Waseda shopping mall to buy a red pen.

Tips

リアクションを通して，豊かなコミュニケーションを図り，自己修正できる生徒を育てましょう！

05 自分を客観視させるふり返り

1 ふり返りの目的

アメリカの教育学者 John Dewey が， "We do not learn from experience. We learn from reflecting on experience." とふり返りについて述べた言葉があります。ふり返りは何のために行うのでしょうか？私は次の4つを目的として考えています。

1 既習知識や情報から引き出せなかった部分を新しい知識・情報と結びつけたり整理・活用したりする（整理・活用）
2 自分の考え方や捉え方を再認識し成長を確認する（再組織）
3 深い思考力を育む（定着）
4 次の課題を明確にする（発展）

自分の頭の中にあることを熟考し捉えたことを言語化することが，学びの深まりとなり自己再生力となります。仲間と関わりながら自律的に学び続けるためにも必要な力です。

特に即興性を重視する言語活動では，表現できなかったことや気づいたこと，考えたことを今まで学んだ内容と結びつけ活用できる力が必要です。チャットやモノログ，ディスカッションなどの「言いたいけど言えない」経験をする言語活動後には，必ず自分と向き合う場としてふり返りを行うことが言語の自動化を促進させます。また，学んだことから新しい考えを構築し，自分なりの見方や考え方を身につけることで汎用性の高いスキルの習得にもつながります。

2 ふり返りの視点

ふり返りの視点は学習（活動）目標とも重なるので，年度当初と活動開始前に示します。

学習内容	□わかったこと □できたこと □気づいたこと
思考	□今後の課題 □疑問点 □発見したこと □意見や考えの変化 □参考になった発話
表現	□目を見て伝えられたか □伝える工夫ができたか □英語で伝えられたか □疑問点を質問できたか □他者の話から学べることがあったか □リアクションしながら聴けたか □言いたいけれど言えなかった表現はあったか

3　ふり返りのタイミングと方法

　私の授業では，常に授業の最後で本時全体のふり返りを行います。必要に応じて活動前や各活動後にもふり返りを入れます。授業冒頭の既習内容の確認は，本時の課題を明確にするふり返りになります。ふり返りでの反省や気づきを次の活動で生かせるように全体でシェアすることもあります。また，対話的な学びを促進させるために，ペアかグループで振り返った後には個人に戻します。特に英語で行う対話的なふり返りは，即興力と発信力も鍛えます。

全体	活動前	□発表しワークシートに記述する □黙想する
ペア・グループ	活動後	□対話をしワークシートに記録する（項目チェック・文章記述）
個人	授業後	□ワークシートに文章記述する

　こうしたふり返りを行っていくと，活動（授業）前と活動（授業）後の自己変容に気づき，自分の次の課題を明確にすることができるので，学習効率が上がり，理解や技能の定着を図ることができます。再生的なふり返りや思考過程を問うふり返りを行うと，学習内容の活用になり，さらなる探究的な学びにつながります。

■対話によるふり返りパターン1

A：Let's review the activity! What did you learn from today's activity?

B：I learned that it's important to express my own ideas in English. I got useful ideas from your opinion. How about you?

A：Oh, thank you. I learned some new expressions and ideas in the activity.

B：Can you give me examples?...

■対話によるふり返りパターン2

A：How was today's lesson?

B：It was great because I had fun talking with group members. ...

A：Me too. I want to get more information about today's topic. ...

　パターン1も2も慣れたら1分程度，記述でも2分で終わってしまいます。大事なのは繰り返し，マンネリ化しないように新しいエッセンス（Something new）も投入することです。

Tips

　自己成長を促すふり返りで，生徒の即興力と発信力を伸ばしましょう！

01　目指すべき協同学習

1　学び続ける自律的学習者を育てる授業に

　みなさんが目指すのはどんな生徒像でしょうか？「生徒自身がなりたい姿を明確にし，自分の意志で自律的に学ぶ学習者」が私が目指す生徒像の１つです。手取り足取り細かく指示を出すスプーン・フィーディング的な授業では，生徒は指示待ちの依存的学習者になりがちです。

　Holec や Cotterall and Crabbe は自律的学習を促す５Tips を挙げています。他の要素で必要なものもありますが，みなさんの授業のプロセスにはこの５つが組み込まれているでしょうか。

　1　目標を設定する　　2　学習内容を決定する　　3　学習方法を選択する
　4　学習状況をモニタリングする　　5　学んだことを振り返る

2　真の協同学習とは

　自律的学習者育成には，明確なゴールを示し見通しをもたせ仲間と共に乗り越えさせる課題や発問を仕組むことが必要です。そのキーとなるのが協同学習です。協同学習は，対話的な学びの中で，生徒同士で課題解決に向かう学びを生み出します。生徒たちに学び方を学ばせ，自分と仲間の学びを最大限に高めることができます。

　日本では「協同学習」の名の下に様々な捉え方で実践が行われていますが，実際は集団学習や協力学習に分類されるものが多いようです。私が実践している「協同学習」はそれらとは一線を画するものです。異なる視点や経験をもつ仲間が，お互いの関係をケアし認め合う関係の中で，チャレンジングな課題に取り組み学びを深めていくプロセスを重視し，少人数集団で自分と仲間の学びを最大限に高め合い，全員の学力と人間関係力を育てることを目指しています。

■日本の協同学習の分類

集団学習 Collective Learning	班学習
協力学習 Cooperative Learning	話し合い学習（ケーガン・ジョンソン＆ジョンソンの理論）
協同学習 Collaborative Learning	グループ学習（ヴィゴツキー・デューイ・ノディングスの理論）

3　インタラクション型授業で協同学習

　新学習指導要領では，小中高の全教科で「言語活動」の充実を図ることが求められています。そこでは，「生徒の学び方」が重視され「主体的・対話的で深い学び」が視点として取り上げられています。英語科では，生徒が受け身で知識伝達重視のインプット型授業から生徒同士の関わりを重視したインタラクション型授業への転換が，こうした学びを可能にします。「対話的な学び」を具現化するのに必要不可欠なのは他でもない協同学習です。

　インタラクション型授業のメリットは，「思考を活性化する学習形態で，実際にやって考える」「意見を出し合って考える」「わかりやすく情報をまとめ直す」など活動を介して深く理解したりできるようになったりすることです。英語授業では，協同学習による言語活動が，英語力を伸ばすと同時に自己理解・他者理解・共感性・対人交渉力といった社会性にも寄与します。

　関わりを重視したやり取りは教室に仲間がいるからこそできることです。協同的な学びの中で生徒同士が関わり合う face to face の利点を生かす授業になれば，英語を使う場面が増え，英語があふれる教室になることは間違いありません。

4　協同学習のメリットと要件

　教室で協同学習を実践するメリットとして次の3つの側面があります。生徒は学習過程で行うコミュニケーションを純粋に楽しみ，「できた！」「わかった！」「わかってもらえた！」「サポートできた！」と達成感をもちます。特に一斉授業では取り残されるスローラーナーが仲間と活動に参加でき高い課題にも挑戦することで，英語力が高まるのが最大の効果と言えます。

活動的側面	□多様な考え方を聴くことができる □自分の思考を深めることができる □協同することの楽しさを味わうことができる □英語力が高まる □対人技能が高まる
作業的側面	□仲間に尋ねることができる □仲間に確認してもらうことができる
情緒的側面	□支えられている安心感をもつことができる □支えている自信をもつことができる □学習意欲と積極性が向上する

　また，Kagan は動機づけを高める協同学習の指標の要件として，「肯定的な相互依存」「個人の責任」「参加の平等性」「相互交流の同時性」の4つを掲げています。

Tips

　授業に協同学習を取り入れ，インタラクション型の授業にしていきましょう！

02 協同学習の5つの鉄則

　協同的な学びを行うと，全員の学びが保障された，活動型で一人ひとりの個性を生かす授業になります。私が授業でベースにしている5つの鉄則をご紹介します。

1 小グループ

　活動前から意欲がなかったり，活動を始めたけれど諦めたりする生徒がいませんか？協同学習により集団にケアの関係が育まれていると，そんな生徒たちも仲間たちの支えにより乗り越えていきます。教師依存ではなく生徒同士のケアによるあたたかい関係づくりの中でこそ，課題へチャレンジできるのです。ペアやグループはインタラクションを図りやすく主体性を育みやすい学習形態です。一人では困難なことも仲間と頭を寄せ合うことでできる（ZPD）という体験の積み重ねをたくさんさせることが生徒の大きな自信となります。なるべく男女で市松模様になるように3，4人で小グループを編成します。「グループ」で活動しますが，目指す姿を考えると，1つの「チーム」をつくるイメージと言った方がいいかもしれません。

2 座席配置

　座席はコの字型（右図①）にします。教師から見てコの字になるように配置します。海外だとU-shape formationと言っています。お互いの学んでいる姿が見え，仲間の意見や思いを聴きやすい座席配置です。教師の目が行き届きやすくなるため，きめ細やかな指導ができるのがメリットです。しかし，話しやすくなることが私語になることもあるため，授業規律の確立が大切になります。

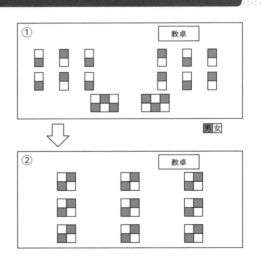

　授業ではグループで活動することが多いので，机と椅子にテニスボールをつけて，移動させる時に音が出ないように配慮します。机は隙間ができないようにぴったりつけます（上図②）。物があると引っかかり隙間ができるので机の横には何もかけないようにします。また，グループにした時は，教科書類はそれぞれの机の端に置き（机と机の間に置かない），間に物の壁を作らないようにします。この壁は心理的な隔たりだと考えます。欠席者がいる場合も机を一緒につけてグループを作ります。（コロナ禍では，感染防止に配慮した座席配置にします。）

3 　真正の課題設定

　これまでは，学力は基本から発展への積み上げでつくるものとされていましたが，決してそうではありません。上からの引き上げによって形成されます。協同的な学びの中では，わからないことがあっても，教師や仲間とのコミュニケーションを通して模倣し，自分の中に取り込むことが学力をつけることになります。「真似る」ことは「学ぶ」ことです。発展的な課題に挑む中で，基本的な内容への気づきが生まれ定着が促進されます。したがって，課題が問題解決型であることが必要です。学習指導要領で語られている「活用」も問題解決する場面でなければ生かされません。問題解決型の課題では真正性を重視します。

4 　「聴く」・「つなぐ」・「戻す」

　協同的な学びでは，「聴く→つなぐ→戻す」プロセスを大切にします。グループから出た質問や意見に対し，教師がすぐに応答するのではなくまず「聴く」。それを「このグループの意見をどう思いますか」と他グループに「つなぐ」。英語だと "What do you think?" と意見を求めるだけです。発言した生徒の言葉を置き去りにして「他には？」と他に意見を求めるのはNG です。最後は「戻す」。つないだ意見を元のグループに「戻し」再考を促します。「どうしてそう思った？」「根拠はどこ？」などの問いかけが，教科書などのレファレンスに何回も「戻す」きっかけになり，生徒の深い思考を促します。

　教師の役割は，生徒同士，教材と生徒，学んだことなどをつなぐことです。何をどうつないでいくかを模索し授業をデザインすることが生徒の意欲を引き出し学びの質を高めます。

5 　対話

　学びは対話によって成立するものです。一人では対話はできません。聴き合う関係をつくり対話的コミュニティを大切にすることで高いレベルの学びを実現することができます。また，佐藤学氏によると，協同的学びは「対象（教材）との出会いと対話であり，他者（仲間や教師）との出会いと対話であり，自己との出会いと対話である」と生徒の「３つの対話」を挙げています。つまり，授業デザインの際，学ぶ対象と他者と自己との往還から生徒は学びを得るので，教師主導ではなく，生徒主体の活動に重きを置くことが大切だということです。

Tips

　5つの鉄則で，すべての生徒の学びを保障する授業デザインをしましょう！

03　仲間と目指す学び

1　「学び」の楽しさ

　生徒が学んでいる時「楽しい」と感じるのはどんな時でしょうか。「自分の成長が実感できた時」「自分の考えや気づいたことなどを表現できた時」「仲間の意見や感想などから新たな発見・知識を得た時」「思考が深まるプロセスを体験できた時」ではないでしょうか。

　一斉授業で講義のようにただ単に教師の話を聞いている時よりも，生徒主体で活動をしている時の方が生徒の意欲が高まり，内容の定着度が高まることは「ラーニングピラミッド」からも明らかです。だからこそ，「学び」の楽しさを味わわせるには，教室内で仲間と共に協同的に学ぶ場を作り出すことが必要です。

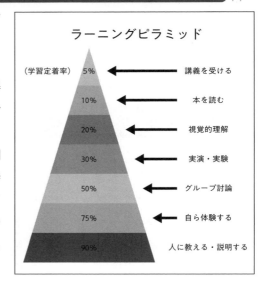

ラーニングピラミッド

（学習定着率）	
5%	講義を受ける
10%	本を読む
20%	視覚的理解
30%	実演・実験
50%	グループ討論
75%	自ら体験する
90%	人に教える・説明する

2　協同的な学びが求められる理由

　これからはグローバル化がさらに進み，ますます多様な価値観をもつ人たちと共生していく社会になります。そんな社会で生き抜いていくためには，単に知識をインプットするだけではなく，知識や体験を活用しながら，様々な人々とケアの心をもちながら協同し，新しい解決策を共創できる力が必要です。

　また，外国語科の今回の学習指導要領では，単に話すだけにとどまらず，自分の周りの社会や世界と関わり，真のコミュニケーションを図る中で英語力を育むことがねらいとされています。生徒自身が考えを発信しながら他者の考えから自分の考えを再構築する場，インプット・アウトプット・フィードバックのスパイラルを授業の中でつくることが必要です。

　それは，インタラクション（やり取り）の中で他者との違いに気づき，自分と異なる見方・考え方があることを理解できるからに他なりません。他者とのやり取りなくしては外国語学習（言語習得）は成立しません。実際に英語を使う機会があって初めて生徒の心も体も思考もアクティブになります。授業を協同的な学びにフォーカスしてデザインしていくことで，英語という言語のスキルの習得だけでなく，良好な対人関係を構築していくことにもつながります。まさに，英語授業が「学びに向かう力」と「人間性」の育成に貢献することになります。

3 英語授業で協同学習を行うメリット

ペアやグループは自然なやり取りを図り，主体性を育みやすい学習形態です。友達と頭を寄せ合う（ZPD）体験を積み重ね，一人だと実行困難な課題が達成できることでスキルや知識を獲得し自信をつけます。また，生徒が仲間と接する中で感じる認知的葛藤によって自分を見つめ直し，異なる立場を理解することで新しい視点や知識・問題解決方略を構築できます。

従来の知識注入型授業から転じてアウトプット主体の授業を行うには，Task Based Language Learning（問題解決型学習）や Content and Language Integrated Learning（内容言語統合型学習），Focus on Form が適しています。内容理解を重視し，生徒の思考や学習スキルに焦点を当て，コミュニケーション能力の育成や言葉や文化への意識を高めることができます。このような学習スタイルには協同学習は必須です。

では，英語授業での協同学習のメリットは何でしょうか？私が特に感じるメリットが 5 つあります。「言語活動の目的・場面・状況が明確になる」「インタラクションが豊富になる」「仲間とのやり取りの中での気づきからギャップが生まれる」「学ぶことができる環境・居場所ができる」「英語力向上と人格形成に貢献する」のです。難しいタスクでも最後まで諦めずに取り組む生徒たちの姿，共に解決を目指すことで生まれる一体感，クラスが 1 つのチームへと変化していきます。さらに高みを目指すために，協同的学びの 3 要件，「学びの共同体」で佐藤学氏が提唱する「真正の学び」「聴き合う関係」「ジャンプのある学び」を英語科の本質に沿いながら，授業でどう具体化するかが重要です。

4 すべての生徒の学びを保障する

75 ページでご紹介した 6 つのモットーを目指すべきクラスの姿として，毎時間生徒と声を出し確認します。その中に "Leave no one behind!"「誰一人取り残さない！」があります。協同学習では，生徒の特性を理解し個性を生かす授業展開が大切です。その観点で，SDGs や UD に基づく授業と通じます。通常のクラスや授業でもケアすべき考えです。生徒が安心して過ごすことができる集団が土台となり，その上で一人ひとりを見つめていく視点が必要だからです。

教師が生徒を観る視点ができると生徒への見方が変わります。どの子もわかるように，できるようになりたいと願っています。英語だと読んだり聞いたり話したり書いたりできるようになり，自分のことを表現し相手のことをわかるようになりたいのです。私たち教師はつまずいている生徒を寄り添い支えていける存在として，学びをサポートしていかなくてはなりません。

Tips

協同学習で，仲間と共に学ぶコミュニティをつくりましょう！

04 探究的な学びを促すジャンプの課題

1 動機づけを高めるジャンプの課題

　協同的学びでは，課題は探究的で生徒の仲間と共に取り組む気持ちを鼓舞するものであることが大切です。これまでの生徒の活動観察やふり返りから捉えた10の要件をご紹介します。

1 真正性	2 自己関連性	3 創造（想像）性	4 興味深さ	5 挑戦性
6 ゴールの明確性	7 達成感	8 斬新性	9 意外性	10 不確実性

　10の要件をできるだけ多く加味するのが課題設定と授業デザインのポイントです。私はこれらを含んだ既習事項の活用・応用や拡大・深化を目指した課題を「ジャンプの課題」と呼んでいます。佐藤学氏の「学びの共同体」の課題の考え方と合致するものであり，学習指導要領の「コミュニケーションの見方・考え方を働かせる」課題に通ずるものです。ジャンプの課題は，生徒の脳に汗をかかせ（笑），心をアクティブにし，意欲を向上させます。繰り返すことで持続性も高くなります。目指す姿と実際の授業のねらい，そして生徒の姿をイメージして課題設定をしましょう。課題の内容で授業デザインと発問も決まります。

2 真正の学び

　「真正の学び」とは，本物や実物からの学びです。教室における学習プロセスを日常生活や社会で実際に起こる出来事や見聞きするものに近づけようとするものです。教科としての真正性ではリアルであること，すなわち教科の本質に即した学びが問われます。

　私は英語科の真正性を，「言語」と「内容」の2つの側面から捉えます。「言語的側面」は，英語という言語自体からの学びです。明確な使用の目的と英語使用の必然性のもと，適切でオーセンティックな（コントロールされていない）英語表現に出会わせることで，言葉としての意味・働きや，背景の文化・社会にまで学びを導くことができます。「内容的側面」の肝はリアルさです。現実社会に起きていることを扱った題材や英文のメッセージで，生徒の心を揺さぶり，深層にある考えに気づかせ，内容の世界に生徒を引き込むことができます。また，世界で起きていることを自分に引き寄せ，「自分事」として捉えさせることができます。

　真正性を追求すると自然に課題の質が高まります。質の高い課題だからこそ生徒たちは協力し，つながっていかなくてはいけない状況が生まれます。だからこそ本気になれるのです。

3 　自己関連性

　ともすると，学校で勉強するものは机上で完結し，何のためにやっているのかわからないものになりがちでした。それゆえに学びへの主体性が育まれてこなかったのかもしれません。学習を自分のものと思えるには，活動の意義や重要性を生徒自身が知らなくてはなりません。

　生徒自身のニーズとやりたいことが教師の要求と一致することが大切です。そこで，自分に関わりがあると捉えられる内容や考え・気持ち・意見などの表現，そして自分で選択することで芽生える自己関連性は生徒がチャレンジングな課題に向かう際の支えになります。難しい課題に対してやり抜く主体性（grit）と柔軟な思考（growth mindset）を育むことにもつながります。

4 　ジャンプの課題の難易度

　「スキルが課題よりも低いと，不安になる。それはつまり，スキルを改善する余地があるということである。不安になるくらいの高い課題設定をしないと，スキルののびしろがない。もっとも高く設定しすぎるとやる気をなくすから，ちょうど良いところに設定するのがよい。」

　脳科学者の茂木健一郎さんの言葉です。

　やさしい課題では質の高い学びになりません。人の脳は「面倒くさそう」「大変そう」と思う課題に向き合った時に鍛えられます。協同学習の利点を生かし，課題は仲間や教師のサポートによって達成できそうなレベル，つまり少し高いレベルに設定するのがベストです。

　生徒が「そうか！」「なるほど！」と気づいたり，「わかった！」「できた！」と実感したり，不確かだったことが確かなものに変わったりなどのジャンプのある学びの実現のために必要なのは，一人では到達することが難しいけれど，仲間との支え合いの中で達成を目指し実現できる絶妙な課題を設定することです。仲間と掘り下げたり，様々なアプローチができたり，想像力や創造力を発揮できるような課題が生徒たちの学びの質を高めます。

　生徒たちは多用な価値観とニーズをもち学校で過ごしています。みんなが違うからこそ，一人ひとりがスキルや内容を身につけることのできる意味のある学びを必要としています。社会では，コミュニケーション力を筆頭に発信力・傾聴力・実行力・忍耐力・課題発見力・創造力・協調性・規律性が重視されます。（「2018年度新卒採用に関するアンケート調査結果」経団連より）自分ひとりではなく異なった立場や環境にいる他者と助け合い譲り合いながら，ジャンプの課題を通して目標達成に向かうことで，こうした資質も育まれ鍛えられていきます。

Tips

　ジャンプの課題で学びの質を高め，仲間と共に乗り越えていく生徒を育てましょう！

05　協同的な学びを育む授業デザイン

1　バックワードデザイン

　バックワードデザインは，アメリカの教育学者である Wiggins と McTighe により提案されたカリキュラム編成理論です。彼らによると3つのステップ（1目標設定，2評価，3指導）で計画するようになっていますが，5つのステップにしているのが胡子流です。

> Step 1　育てたい生徒の姿を明確化
> Step 2　目標設定・シラバスを作成
> Step 3　CAN-DO リストとタスクを設定（卒業時→学年→学期→月→毎時間・単元ごと）
> Step 4　評価材料（定期テスト・パフォーマンステスト・単元タスクなど）を設定
> Step 5　授業の最後の言語活動から活動を設定

　最終地点の「育てたい生徒像」を明確にし，指導内容を逆算しながら，系統的・継続的，そして計画的に授業を構成します。ベイビー・ステップでデザインすることがポイントです。
　Step 2 で設定したゴールとルーブリックは生徒に示し共有します。私は卒業時と該当学年のビデオでイメージを具体化し見通しをもたせています。Step 4 では，目指す姿と学年最終タスクから遡り言語活動・帯活動・課題を設定します。目標設定理論からも，目標と目指す姿が明確であればあるほど，生徒の期待や行動は正しく方向づけられ，パフォーマンスが向上するとされています。

2　授業は1つの「ストーリー」

　授業を「ストーリー」と捉え，前時と本時，そして次時の学習内容，ペアやグループという学習形態，生徒の興味と題材，そして活動同士をつなぐことに力を注ぎます。これらが連動し化学反応（笑）が起きると深い学びとなり，さらに知識が構造化・活性化します。みなさんはどんなストーリーがお好きですか。筋書き通りのストーリーを好む方が多いのではないでしょうか。このタイプの先生は脚本通りに授業を進めようとされます。作るのも「授業予定案」。しかし，授業は生ものです。特に即興性が重視される英語の授業では，生徒たちの豊かな発想から様々な表現をとび交わせたいものです。予想外の展開は大歓迎です。生徒の実態に合わせ臨機応変にストーリーを描くことは，明確なゴールと見通しがあるからこそできるのです。

3　授業デザインに必要なエビスモデル授業の4Tips

私の授業で外せない4Tipsです。授業前から既に授業での勝負は始まっています（笑）。

```
1　題材のイメージ（テーマ・素材・調理法の吟味）
2　ねらい（考えさせたいこと・できるようにさせたいこと）
3　生徒の実態把握（背景知識の有無・他教科との関連・言語的要素）
4　授業のイメージ（学習環境・人間関係・段取り・言語活動・帯活動・既習事項との関連）
```

背景・登場人物・主題などを洗い出す際の教師自身の題材との向き合い方がポイントです。テーマや素材をどう落とし込んでいくか，生徒にどのように伝えていくか（調理法）を考えるとワクワクします。そんな気持ちが伝わると，生徒の心と頭がアクティブになり，本気で学ぶ授業展開が実現できます。仕込みや段取りが不味ければ思ったような授業になりません。同じ題材でもクラスや生徒の実態によって一通りでは通用しません。臨機応変に迫り方を変えられるようにしておきましょう。これは教師に求められる指導の即興性です。足りなければ増やす，多ければ減らす，「いい塩梅」になるように調整する，まさに料理のようなイメージです。

4　生徒の意欲を向上させるARCSモデル

授業デザインをする中で，さらに生徒の意欲的参加を促すのに，ARCSモデルからのアプローチで検証することをお勧めします。これは，教育心理学者のJohn・Kellerが1983年に提唱した学習意欲向上モデルです。教師が授業中にとるべき支援を4つの側面で捉えています。

学習意欲の要素	概念の分類	教師の支援	学習意欲の要素	概念の分類	教師の支援
Attention 注意喚起	1 知覚的喚起	生徒の興味を引き出すために何ができるか	Confidence 自信	1 学習要求	生徒にやればできそうという期待感を抱かせるにはどうしたらいいか
	2 探求心喚起	「学び」への気持ちを刺激するために何ができるか		2 成功の機会	成功体験を通して生徒が自分の能力に対する信頼を高める何が必要か
	3 変化性	生徒の興味・関心をどうすれば維持・継続できるか		3 成功への自信	成功体験を自分の努力と能力によるものだと気づくには何が必要か
Relevance 関連性	1 目的指向性	学習内容と生徒の目的をつなぐにはどうしたらいいか	Satisfaction 満足感	1 内発的な強化	生徒の学習に対する興味・関心を向上させるにはどうしたらいいか
	2 動機との一致	生徒にやりがいを感じさせる方法は何か，時期はいつがベストか		2 外発的な強化	生徒の成果に対してどのような称賛や報酬を与えたらいいか
	3 親しみやすさ	学習内容と生徒の経験をつなぐにはどうしたらいいか		3 公平さ	生徒が公平に評価されていると実感するには何をしたらいいか

Tips

ねらいを達成できる授業デザインで生徒の意欲をアップさせていきましょう！

01　「聞く」から「話す」へつなげる言語活動アイデア

　実際の生活場面では技能を統合的に活用しコミュニケーションを図っています。しかし，授業での活動が，単技能のみに焦点を当てたものになっていないでしょうか。それでは実際の使用場面にそぐわない活動になります。統合型の活動で，自然なコミュニケーション場面が作り出され，仲間との関わりを通した活用で，英語力も向上します。また，特に「目的・場面・状況」を明確にすることで，「何を聴き取り，どう表現したらいいか」など，生徒に考え判断させ，「外国語によるコミュニケーションにおける見方・考え方」の活用にもつながります。

1　技能統合型言語活動と目的・場面・状況の具体例

目的・場面・状況	□インタビュー □理由・質問・感想・意見を述べる □スピーチ □あいさつ □ニュース □電話 □ビデオレター □オンライン chat □英文の導入前後
言語活動	□ Chat □ Reporting Chat □ Small Talk □ Show and Tell □ Talking Battle □ Discussion □ Whisper Game □ Student Teacher □ Retelling □ Teacher Talk
教科書を使った言語活動	□場面や状況から必要な内容や情報をつかみ説明する（発表）。またはペアかグループで確認する（やり取り）。

2　「聞く」から「話す」の指導のポイント

1	言いたいけど言えない経験	2	背景知識の活性化
3	思考の言語化と音声化（声を出す）	4	話の継続（相づち・賛同・感想・類推など）
5	テーマとトピックの難易度	6	SKR と SPR で英語の回路を作る
7	ゆっくりでもいいから簡潔に	8	最初の 2 単語（I think / I feel / You mean 等）

3　実践例：Reporting Chat
（chat の内容を他者へレポートし，その内容を本人から確認する）

　Small Talk では同じトピックで自分のことを相手を変えて伝えますが，本活動では内容に変化をもたせます。4人グループで同じトピックで相手を変え行います。

　①横ペアで話す（2分）　　②斜めペアで聞いた内容をレポート（30秒×2）　　③前後ペアでレポート内容の確認（30秒×2）　　④言いたかったが言えなかった表現の確認（2分）

他者が絡むため動詞の変化も入り，短時間で頭をフル回転させることができます（②は3人称，③は2人称）。②③は2組が一斉に話すので聴く力もつきます。活動後の writing で accuracy も補完できます。

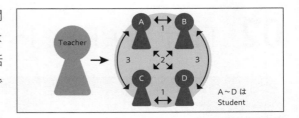

Reporting Chat のライティングシート

★★ Reporting Chat Script ★★

Class____ Number____ Name_____

Topic
(　　　　　　　　　　)

Group members_____

Name	Chat with partner 1・2・3

次はこうしたい！

Self-evaluation in today's reporting chat

1 Keep smiling	Very good	Good	So so	Need to improve
2 Eye-contact	Very good	Good	So so	Need to improve
3 English only	Very good	Good	So so	Need to improve
4 Pronunciation	Very good	Good	So so	Need to improve
5 Reaction	Very good	Good	So so	Need to improve
6 Fillers	Very good	Good	So so	Need to improve
7 Contents	Very good	Good	So so	Need to improve
8 Interaction	Very good	Good	So so	Need to improve

6 Rules に気をつけた？
★ Writing 見直し6 Rules ★
□ S（主語）とV（動詞）の一致
□複数と単数
□能動態と受動態
□時制
□基本的なミス
（語順・スペリング・単語使用など）
□文章構成（文同士のつながり）

02 「話す」から「書く」へつなげる言語活動アイデア

1 技能統合型言語活動と目的・場面・状況の具体例

目的・場面・状況	□インタビュー □理由・質問・感想・意見を述べる □伝言する □電話 □スピーチ □道案内 □手紙 □レポート □英文の導入前後
言語活動	□ Chat □ Reporting Chat □ Small Talk □ Whisper Game □ Student Teacher □ Show and Tell □ One-minute Monologue □ Discussion □ Talking Battle □ Retelling □ Teacher Talk □ Picture Describing □ Impromptu Skit
教科書を使った言語活動	□題材のイラストや写真を使い，内容について説明（発表・やり取り）した後，説明した内容を書き起こす。またはわかったことを他者に伝えるために書く。 □題材のテーマやトピックについて自分の考えや意見などを伝え（やり取り），伝えた内容やわかったことや気づきを他者に伝えるために書く。

2 「話す」から「書く」の指導のポイント

1	Fluency first! Accuracy second!	2	Your best teacher is your last mistake!
3	文の構成は OREO[※1]！	4	結論はシンプルに！
5	書く＝可視化！	6	ディスコースマーカーで展開をクリアに！
7	書き起こしでふり返りに！	8	暗誦と英借文で言えることを増やす！

3 実践例：One-minute Monologue
（即興スピーチ。1分間の発話語数を数え WPM[※2]を残す）

①ワード・カウンターに日付とトピック，目標語数を記入

②話し手と聴き手の確認。聴き手がワード・カウンターで数える

③10ルールズなどの活動のポイントを確認

④教師の合図で一斉に開始。聴き手はリアクションしながら発話語数を数える（1分）

⑤1分後，WPM を話し手に伝え，質問やコメントをする（40秒）

⑥役割交代。2番手の40秒 question time 後にクラスで WPM を確認

⑦「言えた表現」と「言えなかった表現」を辞書で確認（2分）

⑧自分の発話の writing。加えたらよかったと思う表現も加筆（3分）

⑨ふり返り

※1　OREO = Opinion／Reason／Example／Opinion　　※2　WPM = words per minute

ワード・カウンター

Class____ No.____
Name____

★Counter No. (   )

1	50	51	100	101	150	151	200
2	49	52	99	102	149	152	199
3	48	53	98	103	148	153	198
4	47	54	97	104	147	154	197
5	46	55	96	105	146	155	196
6	45	56	95	106	145	156	195
7	44	57	94	107	144	157	194
8	43	58	93	108	143	158	193
9	42	59	92	109	142	159	192
10	41	60	91	110	141	160	191
11	40	61	90	111	140	161	190
12	39	62	89	112	139	162	189
13	38	63	88	113	138	163	188
14	37	64	87	114	137	164	187
15	36	65	86	115	136	165	186
16	35	66	85	116	135	166	185
17	34	67	84	117	134	167	184
18	33	68	83	118	133	168	183
19	32	69	82	119	132	169	182
20	31	70	81	120	131	170	181
21	30	71	80	121	130	171	180
22	29	72	79	122	129	172	179
23	28	73	78	123	128	173	178
24	27	74	77	124	127	174	177
25	26	75	76	125	126	175	176

No	Date	Topic	Goal	WPM
1	/			
2	/			
3	/			
4	/			
5	/			
6	/			
7	/			
8	/			
9	/			
10	/			
11	/			
12	/			
13	/			
14	/			
15	/			
16	/			
17	/			
18	/			
19	/			
20	/			
21	/			
22	/			
23	/			
24	/			
25	/			

EBISU Miyuki@Hiroshima Furuta (originated by NISHI Itsuhiro)

Increase the number of words in one minute! !Express ideas to the topic in English!
10 rules: Keep sailing! English only! Eye-contact! Pronunciation! Compliment! High-five! Action! Reaction! Gesture! Energy!

One-minute Monologue のライティングシート

Notice Class____ No.____ Name____

★ Write sentences you wanted to say or you couldn't explain!
Write as many English expressions as possible!

★ Write sentences you told your partner in One-minute Monologue!

★Writing 見直し6Rules★

□S (主語) とV (動詞) の一致　□複数と単数
□時制　□基本的なミス (語順・スペリング・単語使用など)
□文章構成 (文同士のつながり)　□能動態と受動態

★Review★

Speaker
1 できるだけたくさんの文を言おうとした　Very good　Good　So-so　Need to try harder
2 話を続けようとした　Very good　Good　So-so　Need to try harder
3 話題をふくらまそうとした　Very good　Good　So-so　Need to try harder
4 つまった時につなぐ表現を使った　Very good　Good　So-so　Need to try harder

Listener
1 リアクションをした・表現を使った　Very good　Good　So-so　Need to try harder
2 相手のことをほめた　Very good　Good　So-so　Need to try harder
3 Question time に質問をした　Very good　Good　So-so　Need to try harder

03 「読む」から「話す」へつなげる言語活動アイデア

1 技能統合型言語活動と目的・場面・状況の具体例

目的・場面・状況	□理由・質問・感想・意見・考えを述べる □手紙 □スピーチ原稿 □意見文 □レポート文 □記事 □パンフレット □お店でのやり取り（注文）
言語活動	□ Retelling □ Picture Describing □ Copygloss □ Question Making □ Find something funny □ Be a detector □ Be a teacher
教科書を使った言語活動	□本文についての対話文や手紙・メール・スピーチ原稿・レポートなどを読んで，内容に触れながらわかったことや考えたことを発表する（発：発表）。 □本文についての対話文や手紙・メール・スピーチ原稿・レポートなどを読んで，内容に触れながらわかったことをペアやグループで伝え合う（や：やり取り）。 □本文の各パートにタイトルをつけ，その理由を述べる（発・や）。 □本文内容理解のためにマッピングや表を使い自分の考えを述べる（発・や）。 □対話文をモノログで説明する（発・や）。

2 「読む」から「話す」の指導のポイント

1 日頃から考え・感想を自分の言葉で！	2 I think（thought/know/knew）に続ける！
3 伝えたい感情を言葉にする！	4 パラフレーズができるように！
5 読後に伝えたくなる発問を！	6 目的をもち読む！
7 英文の構造を意識して読む！	8 内容のわかる話を英語でたくさん読む！

3 実践例：Retelling
（Reading 後に自分の言葉で内容を再現・足場かけにイラスト使用）

①話し手と聴き手が気をつけるルールを確認（English only, No gestures, Reaction 等）

"What are important for speakers and listeners?"

②流れ：一人目開始→リテリング（聴き手は相づち等のリアクション）→聴き手からの意見・質問・コメント→次の話し手→同じ流れでグループ全員行う

生徒A ： We read the story and knew about the contents. Let's retell it.

生徒B ： Let me try first. I think .... It's because .... I learned ... from this story.

生徒ACD ： You said that .... So I felt your retelling was wonderful. I could know more about it again. Who's next?（などのように繰り返す）

Retelling のライティングシート

Story-Retelling

Class＿＿＿ No＿＿＿ Name＿＿＿＿＿＿＿＿＿＿＿＿

Program＿＿＿＿＿＿＿＿＿＿＿＿

★ Make a mind map!

★ Write sentences you retold about the story!

★Writing 見直し６Rules★
□S（主語）とV（動詞）の一致　　□複数と単数　　□能動態と受動態　　□時制
□基本的なミス（語順・スペリング・単語使用など）　　□文章構成（文同士のつながり）

★ Review ★

1	話を続けようとした	Very good	Good	So-so	Need to try harder
2	できるだけたくさんの文を言おうとした	Very good	Good	So-so	Need to try harder
3	自分の言葉で伝えようとした	Very good	Good	So-so	Need to try harder
4	習った表現を使って言い換えようとした	Very good	Good	So-so	Need to try harder

★次の retelling に向けての自分の課題

04 「聞く」から「書く」へつなげる言語活動アイデア

1 技能統合型言語活動と目的・場面・状況の具体例

目的・場面・状況	□理由・質問・感想・意見を書く □電話 □新聞記事 □インタビュー □ラジオ □要約 □スピーチ □ビデオレター □ニュース □お店での注文
言語活動	□ Speech □ Dictation □ Dictogloss □ Discussion □ Talking Battle □ Teacher Talk □ Small Talk □ Be a newscaster □ KFB(教科書フラッシュバック)
教科書を使った言語活動	□本文の内容や要点などの聞き取ったことをメモする。 □本文の内容や要点などの聞き取ったことをマッピングや表でまとめる。 □本文の内容や要点などの聞き取ったことを書き，他者に紹介する（発・や）。

2 「聞く」から「書く」の指導のポイント

1　目的を明確に！　　　　　　　　2　わからなくても思考を止めない！
3　聞こえる耳をつくるため声を出す！　4　英語の特徴(強勢・区切りなど)をつかむ！
5　活動後に聞いた内容を音読！　　　6　ライティングの時間を区切る！
7　Pre-listening でスキーマの活性化を！　8　語彙力・読解力・スピードを身につける！

3 実践例：Dictogloss （聴いた内容を自分の言葉で再生し仲間と共有。最後に writing）

①トピックに関してスキーマの活性化のための発問

"To start with, I'd like you to think about the topic of… . What do you know about … ?"

②グループを A～D に役割分担　A は廊下で listening。他は教室で別課題。同様に繰り返す

③4人で聴き取った内容を口頭でシェア　それをもとに writing

"What did you catch while listening?" "Let's share what sentences or words you've got."

④エキスパートグループ（同じところを聴いた人たち）で集まり口頭で内容確認

"Let's share the contents."

⑤自分のオリジナルグループに戻り加筆・修正し完成

"Do you have to add more information?"

⑥完成した英文をグループ間で交流

⑦⑥でのやり取りを受けて再度加筆・修正し，全グループの英文を全体でシェア

⑧ listening したストーリーのスクリプトを声を出して読む

Dictogloss のライティングシート

2 は Listening 後とグループシェアのメモで使用。3 は再度加筆・修正する時に使用。

Enjoy Dictogloss!

Class_____ No_____ Name_____

1. Listen carefully!
2. Take notes!
3. Reproduce sentences with group members!
4. Discuss and complete a story!

2. Take notes!

3. Reproduce sentences with group members!

★ Writing 見直し 6 Rules ★
□ S（主語）と V（動詞）の一致　　□複数と単数　　□能動態と受動態　　□時制
□基本的なミス（語順・スペリング・単語使用など）　　□文章構成（文同士のつながり）

★ Review ★

1	できるだけたくさんの文を書こうとした	Very good	Good	So-so	Need to try harder
2	最後まであきらめずに取り組んだ	Very good	Good	So-so	Need to try harder
3	活動中に新しい気づきがあった	Very good	Good	So-so	Need to try harder
4	グループ内で協力して活動をやりきった	Very good	Good	So-so	Need to try harder

05 「書く」から「読む」へつなげる言語活動アイデア

1　技能統合型言語活動と目的・場面・状況の具体例

目的・場面・状況	□交換日記 □レポート □パンフレット □ポスターセッション □メール □手紙 □紹介文 □説明文 □ホームページ □スピーチ
言語活動	□ Prepared Speech □ Prepared Skit □ Two-minute Writing □ Chain Writing □ Question Making □ Original Story Writing □ Diary □ Summary Writing □ Theme Writing □ School News Article Writing □ Be a Writer and Reader
教科書を使った言語活動	□題材のテーマやトピックに沿って，事実や考えを整理しまとまりのある文章を書いた後に，ペアやグループで読み合う（やり取り）。さらに読んだ後にコメントを書く。

2　「書く」から「読む」の指導のポイント

1　目的・状況・相手を明確に！	2　継続的に！１パートごとの短いスパンでも！
3　書いた後に読む対象は誰か！	4　ライティングの手順を大切に！
5　自分の言葉で！	6　Simple and understandable!
7　５Ｗ１Ｈを意識して！	8　仲間の作品から学ぶ気持ちで！

3　実践例：Summary Writing（読んだ内容を自分の言葉で言い換えまとめる）

①英文の内容理解（文章の概要・トピック・詳細・キーワードをつかむ）

　"After reading, let's summarize the story in your own words."

②キーワードマッピング（事実のみ抜き出す）

　"Cover the essential points of the original passage without any detailed explanations."

③自分の言葉でまとめる（Something new や Something attractive な要素を学ぶ機会にする）

④グループかクラスでシェアしフィードバックをもらう

⑤フィードバックによるふり返り（２回目 writing：語順意識化のために S／助 V など分ける）

⑥オリジナルの英文と比較し accuracy を確認

> ■ Writing 見直し 6 Rules
> ① S（主語）と V（動詞）の一致
> ②複数と単数
> ③能動態と受動態
> ④時制
> ⑤基本的なミス
> 　（語順・スペリング・単語使用など）
> ⑥文章構成（文同士のつながり）
>
> ※筆者が writing の際に生徒に示しているルール

Summary Writing のライティングシート

★ Mind Map ★

Class＿＿＿　No＿＿＿　Name＿＿＿＿＿＿＿＿＿＿＿＿＿＿

文章構成の時に大事なポイント

A. 言いたいことを初めに述べる（何を伝えたいのか・何を知ってもらいたいのかなど）

　結論→例・説明→再度結論（シンプルに OBE※1 かツッこんで OREO※2 で！）

　　　※1　OBE = Opening/Body/Ending,　※2　OREO = Opinion/Reason/Example/Opinion

B. 書く時は聴き手や読み手がわかりやすくなるような表現を使う

① 　First, Second, Last など

② 　つけ加え表現として in addition / moreover など

③ 　例を挙げる表現として I'll give you some examples. / for example / such as ... など

　（Summary の時はなしで）

Mind Map

Column
授業づくりで大切にしている 5 つのこと
（胡子美由紀編）

1　つなぐこと（facilitator としての教師であること）

生徒同士，題材，生徒の現在・過去・未来の歩みをつなぐ。生徒と教師がつながる。

2　誰一人として取り残さないこと（motivator としての教師であること）

全員の学びを保障する。個性を生かし，仲間と共に挑戦し乗り越える。学び方を学ぶ。

3　規律があること（manager としての教師であること）

教室が安心できる居場所になると，誰とでも豊かなコミュニケーションをとることができる。

4　learners' centered & learning centered（organizer としての教師であること）

生徒同士が関わり合い，一体感・達成感・充実感を味わえる学びにする。

5　脳みそに汗をかかせること（activator としての教師であること）

全力投球でキビキビとテンポ良く隙をつくらない。生徒に思考を止めさせない。

Chapter 4

世界一わかりやすい！

新しい指導内容の面白指導アイデア

Profile 4

畑中　豊 （福島県いわき市立内郷第一中学校教諭）

　9歳の時，大阪万博で月の石を見ました。田舎の少年は「人類」や「世界」という言葉に胸を躍らせました。ケーブルカーやロケット，会場内を歩く象の行列に目をぱちくりさせたのを今でもはっきりと覚えています。12歳で初めて英語という教科に出会い，それまで眠っていた「世界」への関心が一気に目覚め，他の教科が苦手だったこともあって，英語が大好きになりました。教科書に出てくる Ben や Lucy に夢中になり，Madison とはどんな街か勝手に想像し，胸を弾ませる毎日でした。高校，大学と英語に対する興味・関心は幸い衰えることなく，英語を生業とし，思えば幸せな人生を送っています。何か面白いことはないか，どうしたらもっと面白くなるかを常に考える，いつまでたっても大人になれない英語教員です。

座右の銘
Think Different.

01 劇をつくるプロジェクトに参加しよう！

　ご縁があって，「ＯＥＣＤ東北スクール」という復興教育プロジェクトに参加する機会を得ました。2012年３月に始まり，与えられたミッションは「2014年にパリで，東北・日本の魅力と創造的復興をアピールするための国際的なイベントを企画・実施する」というものでした。

　OECD？パリ？創造的復興？国際的なイベント？話が大きすぎて，何が何だかわからないまま，しかし，確実にプロジェクトは進行しました。

　新学習指導要領スタートの今では結構耳にするようになった「イノベーション，ダイバーシティー，アントレプレナーシップ，キー・コンピテンシー（企画力，実行力，創造力，クリティカル・シンキング能力，協調性，国際性，…），産官学，…」などの言葉は，当時の私には意味不明でした。教員の仕事は「覚えさせる」「わかるように教える」ことだと思っていた私にとって，このプロジェクトは教育活動の概念を変える大きな出来事でした。

　東北復幸祭〈環 WA〉in PARIS と名付けたイベントは，15万人を集め，大成功を収めました。このプロジェクトで学んだことをいくつか紹介します。

「はじめにゴールありき」が大切

　練習したことを発表する，のではなく，発表があるからそれに向けて練習するのだ，ということを教えられました。発表がゴールであり，逆算して「今，何をしなければならないか」「いつまでに何を終わらせないといけないか」それがプロジェクトであり，軌道修正をしつつ，力を合わせて成功を目指す。失敗しても，なぜ失敗したのか，次に生かせることは何かを考えさせるだけでも大きな教育的意義があります。

Challenge ＝課題，難題，困難

　There are lots of challenges around the world. という文に出会った時，「たくさんの挑戦」ではしっくり来ないので，辞書を見てみると，第一義はなんと「課題」や「難題」ではありませんか。Challenge＝挑戦と思い込んでいた私にとって，大きな驚きでした。世界，または，身の回りの様々な課題を解決するために「事業創造」に高い意欲をもち，積極的，意欲的に挑戦していく心構えがアントレプレナーであり，企業という概念が大きく変わりました。

大人と子どもは対等

　イベントの内容を考えたり，自分たちの活動を PR する方法を考えたりする時に，関わりすぎると過干渉，任せすぎると丸投げだと指摘され，教師としての立ち位置は非常に難しいものでした。生徒と対等の立場で「解のない問い」に向き合い，「過去を越え，常識を越え，国境を越える」人材を育成したと自負しています。

「多様性」は化学変化を起こし，イノベーションを生む

　年齢（中学１年生から高校３年生，大人），性別，出身地（福島，宮城，岩手，東京，奈良），経験（地震，津波，原発避難，風評被害），立場（産官学）がそれぞれ違うメンバーが集まることにより，様々なアイデアがぶつかり，化学反応を起こすことで，イノベーションが生まれることを体感しました。

1人よりもチームで取り組んだ方が楽しいし，大きなことができる

　何もないところから自分で考え，仲間と熟議し，創作していく過程は，時間がかかり，時に絶望的な気持ちになりますが，やり遂げた時は言葉にできないほど感動します。予算を自分たちで獲得するという型破りなミッションも，チームで取り組んだからこそ達成できたのだと思います。

　学校でこのプロジェクトを実施するとすれば，「文化祭」や「体育祭」が真っ先に頭に浮かびます。「昨年度と同じようにやる」からの脱却を図り，生徒会役員，実行委員をリーダーとして，とことん話し合わせ，新しいものを創る喜びと苦しみを味わわせたいものです。昨年度と同じことをやれば，失敗せず，無難に乗り切ることができるでしょう。しかし，感動は薄れます。ゼロからスタートし，生みの苦しみを経験し，やっとのことで発表にたどりつくからこそ感動するのです。

　英語の授業でプロジェクト？答えは「劇」です。シナリオ，ディレクター，キャスト，大道具，小道具，メイク，衣装，照明，音響。まさにプロジェクト。オリジナルなストーリーはもちろん，誰もが知る有名な劇でもいいでしょう。

　「オズの魔法使い」を例にとれば，嵐は東日本大震災であり，ふるさとを離れることでその大切さに気づき，ドロシーはオズの魔法使いに願いを叶えてもらうというミッションを，途中であった仲間と力を合わせて達成します。案山子は自分の頭で考えることの大切さ，ライオンは勇気をもって課題に立ち向かうことを象徴していると思います。まさに不朽の名作です。

Tips

　生徒が自分たちで考え，何をやるかを決め，全力で表現する。劇は最高のプロジェクト！

02 ポスターをつくろう！

前項でも触れましたが，今，世界は数多くの問題を抱えています。

・地球温暖化

・エネルギー問題

・経済格差，地域間格差

・テロ，紛争

・難民

・領土問題

・少子高齢化

・貧困

・震災や水害など，災害からの復興

・国の借金

・新型コロナウイルスなどの感染症

　数え上げればきりがありません。これらの問題に対して，他人事として無関心でいるのではなく，自分事として問題解決に関わっていく，自分視点をもつ生徒を育てたいものです。こんな時「ポスター作成」はいかがでしょうか。自分でレイアウト，イラスト，キャッチコピーをつくるのは，骨は折れますが，楽しいものです。イラストは自分で描いてもいいし，ダウンロードしてもいいし，雑誌を切り抜いてもいい，とすれば，生徒の負担を減らすことができます。

　感染症対策のポスターであれば，次のようなキャッチコピーを考えるでしょう。

・Wash your hands（when you come home）.

・Stay home. Don't go out.

・Put on a mask（when you go out）. Use a mask.

・Let's keep social distance.

・You mustn't go into the crowd.

・You have to avoid the 3c's（Closed space, Crowded places, Close-contact settings）!

STAY AT HOME!

　日本語で考えてから英語にしてもよし，ALT に尋ねるもよし，辞書を使うもよし。インターネットを活用するのも，もちろん OK です。「先生，3密って英語で何て言うかわかりますか？」「先生，『～する時』って何て言うんですか？」「『～しちゃだめ』は？」と知りたい表現

オンパレードです。そして，そのような表現はほぼ英語の教科書に載っていることに否が応でも気づくのです。教科書にあるから学習する，もいいですが，「こんなことを言いたい」というニーズに応えてくれる教科書ってすごい，って思わせたいですよね。

生徒は，これまでに学習したことを最大限に活用して，よりよいものを創り上げようと悪戦苦闘します。その過程で，思考力，判断力，表現力などの能力を身につけていくのです。美術部とのコラボや，家庭科や総合的な学習とのクロス・カリキュラムもアリです。内容を効率よく理解させ，広い視野で活用する力を身につけることができます。できあがった作品は，ラミネータ加工を施し，廊下や水飲み場，昇降口に貼ってあげましょう。許可をいただいて街の掲示板や電柱に貼るのもいいですね。採用された生徒はきっと嬉しいはずです。

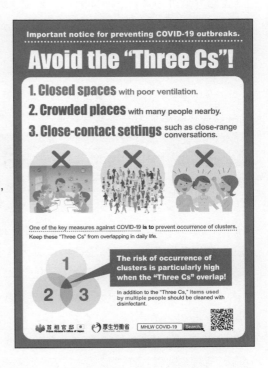

もう１つ家庭科とのコラボを紹介します。レシピ作成です。冷凍食品の調理法なら超簡単。しかも，言えそうで言えない単語に生徒が出会います。「電子レンジって英語で何て言うの？electric range?」「えっ？microwave oven? micro でもいいんだって！」「〜の仕方，how to だよね。how to cook でいいんじゃない」

　１年生の時に取り組んだ題材を２，３年生になってから再度取り上げれば，"Don't 〜." → "You mustn't 〜." "Please 〜." → "Could you 〜 ?" "〜, please." → "I'd like you to 〜." などと言い換えたり，"when you want to〜" や "because it's hot" など，接続詞を巧みに使って表現するなど，大きな成長を感じることもできるでしょう。地球温暖化やエネルギー問題，災害からの復興など，大きな問題については，計画的に継続して取り組ませたいものです。

Tips

　ポスター作りに悪戦苦闘。その過程で身につける「思考力，判断力，表現力」。

03 英語弁論大会に参加しよう！

「英語弁論の指導はどうすればいいですか」とよく質問されます。せっかくの機会ですから，どのような心構えで指導に当たっているか，具体的にどのような指導をしているかを，この場を借りて紹介したいと思います。

夏休みが明けると地区大会があり，勝ち抜くと都道府県大会や全国大会につながる，英語科にとっては結構大きな行事であり，生徒にとっても，英語教師にとっても，夏休みは稼ぎ時であることは間違いありません。オーディションから大会までの道のりは以下の通りです。

オーディション

「暗唱の部」と「創作の部」の区別をせず，全員に Dramatic English の発表を課します。昔話風，ニュースキャスター風，ピエロ風，ヒップホップ調から，好きなバージョンを選ばせます。審査員はオーディション参加生徒，JTE，ALT です。表現力100，発音100，将来性50，計250点で採点します。参加生徒には自分は満点評価させ，審査員全員の合計点上位者がオーディションを通過します。経験的に，ピエロ風を選ぶ生徒は舞台度胸があり，通過する割合が高いように感じます。オーディションをしないと声がかからなかった生徒を失望させることもあるので，ぜひとも実施してください。

＊ Dramatic English は達セミ CD「おもしろ English」に収録されています。

練習開始

練習初日に，「『ばか』と彼女は言った。」と書いてあるカードを生徒に渡し，音読するよう促します。生徒は何も考えずに「『ばか』と彼女は言った。」と口にします。そこで，本当は「この彼女とはどんな人ですか？」「誰に向かって言っているのですか？」「どんな口調で言っているんですか？」「なぜ『ばか』と言っているんですか？」などと質問してほしかったと生徒に伝えます。すると，ほとんどの生徒が「確かに」と納得してくれます。もし「女の子が甘えた口調で彼氏に言う」としたら…，「女性の先生がきつい口調で生徒を叱る」としたら…，「小さな女の子が泣きながらお母さんにぐずる」としたら…，などと促し，デリバリーに対する抵抗感を徐々に取り除いていきます。創作の部はもちろんオリジナルな原稿であり発表ですが，暗唱の部はともすると，英語の文章を暗記して，それを感情を込めて発表する，ぐらいのことだと思っている生徒や教師が多いかと思います。しかし，場面や状況，対人関係を自分なりに解釈し，どう発表するかというレベルはもはや創作の部と変わらない，といっても過言ではありません。

練習の日々

「ここは，こんなふうに発表したらいいんじゃないか」「ここは大きな声で」「ここは悲しそうな表情で」などという指示は一切出しません。生徒と一緒に考え，練り上げていきます。ジェスチャーや大げさな表現に頼らず，どう発表するかよりも，どう聞いてもらうかに重きを置き，修正を重ね，納得のいく発表を創り上げていきます。練習計画も無理のないよう話し合います。1日1時間半，35日中20日以内，といったところでしょうか。練習することが楽しくて，成長を実感し，なかなか上達しない時は原因について話し合い，1日1日を大切にしながら練習をします。題材に関連する書籍やビデオを紹介し，次第にスピリットを高めていきます。

発表直前

「最後に1文だけ残すとしたらどの文にする？」「その理由は？」と問いかけます。その選んだ文が聞いている人の心に残るようにするには，前後の文をどうするか，さらにもう1つ残すとしたらどの文か，などマンネリを解消するために，最後に揺さぶりをかけます。校内発表会は，知っている先生や生徒の前での発表なので，生徒はとりわけ緊張します。ビデオで撮影し，第一声の発声，未来を表す視線，語りかけるしぐさなど，夏休みの練習の成果を評価しましょう。この時期のネガティブなフィードバックは効果が期待できません。

発表当日

気持ちよく発表できるように勇気づけましょう。毎日成長を感じる練習をしてきた生徒は，勝ちにこだわらず，満足のいく発表をすることに重きを置くはずです。負けたらどう慰めるかなどと考える必要もないレジリエンスを身につけた生徒に育っているはずです。指導者として心から楽しんでみてはいかがでしょうか。

その他の工夫

他校との合同練習会などを，大会2週間前に開きましょう。その日まで緊張感を保って練習に臨むことができ，他校の生徒の発表に刺激を受け，改善点を洗い出し，その後の練習に弾みをつけることができます。ビデオで撮って，後で振り返るのもいいでしょう。私はその際にボリュームをゼロにして生徒に見せて，今どのあたりかを生徒に言わせます。同じような表情でよくわからない時は，「残り2週間。課題が見つかって良かったね。明日からの練習に生かしましょう」と励ますことにしています。

Tips

英弁の指導は，授業の音読，朗読指導にそのまま生かせます。磨け！思考力，表現力。

The Giving Tree

Ena JHS ■■■■

小さな子どもにお話しするように，
優しい笑顔で，高い声で，ゆったり始める

ちっちゃい子

Once there was a tree ... ←視線は真ん中
and she loved a little boy. ←ちょっと右を見てすぐ真ん中に戻す
And every day ←ちょっと左を見てすぐ真ん中に戻す
the boy would come
and he would gather ← 葉っぱを集める小さなしぐさ
her leaves
and make them into crowns ← 王冠のジェスチャー
and play king of the forest. ← 腰に手を当て，首を傾げる

五十代

視線はkingで右，forestで左
このあたりは，スピードを
どんどん上げる。

He would climb up her trunk
and swing from her branches
and eat apples.
And they would play
hide-and-go-seek. ← 「隠れて，見つける」しぐさ
And when he was tired,
he would sleep in her shade. ← sleep in her shade はゆっくり
And the boy loved the tree ... ←loved に心を込めて
very much.
And the tree was happy. ←happy がものすごくハッピー

まじめな表情で，時の流れを感じさせるゆっくりしたスピードで

十代後半　感じで

But time went by. ← 右から左になめる
And the boy grew older. ← grew と older の間に「間」
And the tree was often alone. ←悲しそうな表情で
Then one day the boy came to the tree
and the tree said, "Come, Boy, come and climb
up my trunk and swing from my branches
and eat apples and play in my shade
and be happy."

両手で引き寄せるジェスチャー
ブランコのジェスチャー

"I am too big to climb and play," ←反抗期の子どもの表情で
said the boy.
"I want to buy things and have fun. ←吐き捨てるように
I want some money.
Can you give me some money?"
"I'm sorry," said the tree, ←小さい子に謝るように
"but I have no money. ※あまり悲しそうにしない
I have only leaves and apples. money は最後ちょっと上げて
Take my apples, Boy,
and sell them in the city.
Then you will have money
and you will be happy."
And so the boy climbed up the tree
and gathered her apples
and carried them away. ← りんごを集める小さなしぐさ
And the tree was happy.

さらにまじめな表情で，少年が帰ってこないんじゃないかという不安な表情

二十代から三十代　感覚で

But the boy stayed away
for a long time ... ←左から右になめる
and the tree was sad.
And then one day
the boy came back
and the tree shook with joy ←体を震わせながら…（体を固めて）
and she said, "Come, Boy, 大人の落ち着いた声の色を意識する
climb up my trunk
and swing from my branches
and be happy."
"I am too busy to climb trees,"
said the boy.
"I want a house to keep me warm," ←木から卒業した感じをだして
he said.
"I want a wife and I want
children and so I need a house.
Can you give me a house?" ←どうせできないだろ！みたいな
"I have no house," said the tree.
"The forest is my house, ←手を広げて周りを見渡す
but you may cut off my branches
and build a house.
Then you will be happy."

And so the boy cut off her branches
and carried them away to build his house
and the tree was happy.
But the boy stayed away ← 右から左になめる
for a long time.

五十代

And when he came back,
the tree was so happy
she could hardly speak. ←胸，のど付近に手を当てる
"Come, Boy," she whispered,
"come and play."
"I am too old and sad to play,"
said the boy. ← ナレーションも低い声で
"I want a boat that will take me
far away from here. ← 人生に疲れ果てた感じ
Can you give me a boat?" ゆっくり
"Cut down my trunk
and make a boat,"
said the tree.
"Then you can sail away ... ← 少年の人生を思いやる優しさ
and be happy." ← 帰ってこないんじゃないか…
And so the boy cut down her trunk
and made a boat
and sailed away. 会場の一番奥をうつろな目で…
And the tree was happy ...
but not really. ← 永遠の別れになる不安…
首を振る

八十代

And after a long time
the boy came back again.
"I am sorry, Boy," said the tree,
"but I have nothing left
to give you -
My apples are gone." 泣きそうに
"My teeth are too weak for apples,"
said the boy.
"My branches are gone," 泣きそうに
said the tree.
"You cannot swing on them -"
"I am too old to swing on branches,"
said the boy.
"My trunk is gone," said the tree. 泣きそうに
"You cannot climb -"
"I am too tired to climb," said the boy.
"I am sorry," sighed the tree.
"I wish I could ←何かしてあげたいけれども何もでき
give you something ... ない自分を責めるように
but I have nothing left.
I am just an old stump.
I am sorry ...."
"I don't need very much now,"
said the boy,
"just a quiet place to sit and rest.
I am very tired."
"Well," said the tree, ←「してあげること」がみつかった喜び
straightening herself up
as much as she could,
"well, an old stump is good
for sitting and resting.
Come, Boy, sit down. ← 両手で呼ぶしぐさ
Sit down and rest."
And the boy did.

はじめの関係に戻る

ゆっくり息を吸って… 最高の笑顔で！
And the tree was happy.

満面の笑みでThank you very much!

Warm-up

まずは日本語から。口を大きくタテ、ヨコに大きく開いて口の中にピンポン球が入っている感じで。

ア エ イ ウ エ オ ア オ

「ア」はタテに大きく 「イ」はヨコに大きく＝胸がつる
「ウ」は唇まん丸

次に英語の音。クリアな音を出すために。

la la la ra ra ra la ra la ra la ra (× 3)

＼la＝明るい ＼ra＝暗い

fa fa fa ha ha ha fa ha fa ha (× 3)

sa sa sa tha tha tha sa tha sa tha (× 3)

s ＝鋭く th ＝柔らかく

za za za tha tha tha za tha za tha (× 3)

早口言葉にチャレンジ！

The tip of the tongue, the teeth and the lips. (× 3)

She sells seashells at the seashore. (× 3)

Peter Piper picked a peck of pickled peppers. (× 3)

最後に数字！数字がきちんと言えれば一人前。まずは、カウント・アップ。

One two three four five six seven eight nine ten!

次にカウント・ダウン。ロケット発射カウントダウンのような感じで。

Ten nine eight seven six five four three two one zero!

英語弁論大会に向けて 「発音」＆「マナー」チェックポイント

1 音の変化
　弱音　I like it!
　連結　Cut it out!
　同化　Did you?

2 ストレス（アクセント）
　弱 強 弱 弱 強
　強 弱 弱 強 強
　強調単語（強 強 強）
　形容詞＋名詞
　a white house
　動詞＋副詞 Stand up!

3 イントネーション
　上げ調子、下げ調子
　Nライン（コンマの前など）

4 日本語と違う [母音]
　/iː/ vs /i/ （中間音）
　/uː/ vs /u/ （中間音）
　イギリス vs アメリカ
　---- ア オ ト ----

5 日本語と違う [子音]
　th, f, v, l, r
　m, n, ng
　p, t, k, s
　※ try, dry
　※ water, shut up!

6 昔は存在した [50音]
　わ い う え お
　や い ゆ え よ

7 リズム

8 変調
　激しく、淡々、厳かに

9 ポーズ
　段落間、単語間（微妙）

10 視線
　入り、出、段落間

11 姿勢
　歩き方、礼、立ち方

12 迫力
　表情、声のハリ、ゆとり

※彼女は「ばか」と言った。
※終了後、拍手が遅れ、さわつ
＜発表
※最後に残す1文はどれ？
※オーディエンス・ファースト

01　「映画」を活用した学習活動：There is/are ～.の導入を例に

　There is ～. の文型を導入する場面で，There is a park in my town. や There is a Christmas tree in my room. のような文では，どうもインパクトに欠けると思ったら，次のサイトにアクセスしてください。

　←ちなみに QR コードを作成するサイトは　https://qr.quel.jp/

　SCREEN PLAY のホームページ画面右上の「映語犬サク」に There's a と入力すると…

映語犬サク	There's a	🔍

　176の映画から台詞を検索してくれます。紹介した時の生徒の表情を思い浮かべながら，どんな文がいいか探すのはなかなか楽しい作業です。私は，キアヌ・リーブス主演「スピード」の次の場面を使います。

9/00:36:56/54	JACK	I'm a cop!
9/00:36:58/54	JACK	LAPD!
9/00:37:00/54	JACK	There's a bomb on your bus!
9/00:37:03/54	JACK	There's a bomb on your bus!
9/00:37:05/54	SAM	What?
9/00:37:09/54	DRIVER	There's a ...
9/00:37:10/54	DRIVER	What?

　DVD やネット動画，YouTube でその場面を見つけたら，この台詞が含まれるチャプター（○○分○○秒）をまず視聴させます。その後，この場面を再生し，何を言っているか生徒に想像させます。わかりやすい場面なので，生徒はすぐ「運転手に爆弾が仕掛けられていることを教えている」と答えてくれます。次に，聞き取り…，と行きたいところですが，私は，生徒に**教科書の基本文を参考**にして，台詞を英語で書くよう指示します。グループで話し合わせると「爆弾て何て言うの？」「There is～　There are～」「爆弾どこにあった？」「under～」など，色々な意見が出て盛り上がります。生徒の関心が高まったところで，再度この場面を再生すると，「There'sって言ってるよね」「under じゃなくて on って言ってなかった？」「on the じゃな

いよね。何て言ってんの？」などなど，垂涎の意見がバンバン出てきます。そこで答え合わせ。生徒の集中力は max です。「なるほど。on your ね？」「えっ？先生，爆弾てバスの下にありませんでした？」すかさず，That's a good qustion! Look at these! と言って下のスライドを見せます。What's the difference between "on" and "under?" 生徒の「くっついているかいないか！」に，Yes, the keyword is "contact." こんなやり取りができたら最高ですよね。

もし爆弾が複数仕掛けられていたら…，という問いもつけ加えてはいかがでしょうか？

　私の場合は導入で活用しましたが，単元の復習や定着を図る部面での活用も有効だと思います。ジャック，ジャマイカ人，バスドライバー，効果音役の4人組で映像に合わせてアフレコをさせてはいかがでしょう？効果音役の生徒がテーマソングの「ジャッ，ジャッ，ジャ，ジャッ，ジャッ，ジャ！」でスタート。できたグループから教師のところに来て発表。ぜひお試しを！1年時の授業で，"I'm～." や "LAPD!" の聞き取りなどでこの場面を使っておくと，よりスムーズに導入できます。この授業では，焦点がぼけるので，アルファベットの聞き取りや I'm の復習は避けた方がいいでしょう。また，聞き取りの際は，スラングがあるので注意が必要です。助動詞や不定詞，現在完了形や関係代名詞など例文探しに活用してはいかがでしょうか？

Tips

基本文は，発展・応用させてこそ生きる！Output のための Input を！

02 「帯活動」で繰り返しのある学習活動：Guess who!

　最初の5分でクイズ大会 "Guess Who!" 週2回の帯活動。

T：Do *janken* with your partners.

　　The losers, go to sleep.

　　The winners, look at this picture.

　　Could you tell your partner something about the person in the picture?

H. Y.

羽生結弦選手の写真

提示物

T：Are you ready?

Ss：Sure.

S1：This is H. Y.

　　I like him very much.

　　He's a skater. He's from Miyagi.

　　He got three gold medals in the Olympic Games.

S2：Does he like Winnie-the-Pooh?

S1：Yes, he does.

S2：I got it. It's Hanyu Yuzuru.

　バスケットボール選手，ラグビー選手，メジャーリーガー，ゴルファー，テニスプレーヤーなど，スポーツ選手は生徒もよく知っているので話しやすいようです。オリンピックやワールドカップの期間中は大いに盛り上がります。アカデミー賞やグラミー賞，レコード大賞，または，人気ドラマの主題歌など，気になる映画俳優，女優，歌手がいればすぐに取り上げます。自分のお気に入りのスターが出題されれば，やんややんやの大騒ぎです。話題の政治家や歴史上の人物も人気があります。英語を通して社会に関心をもたせるいい機会になります。

　文法事項としては，代名詞，過去形，助動詞などが，繰り返しの使用により定着が期待できます。写真とともにイニシャルを提示するのは，説明する生徒が名前を知らなくても始めることができるからです。This is HY. He .... という始め方は約束事です。指示代名詞で始め，人称代名詞で説明を続けるという自然な流れを身につけてほしい，そんな願いがあります。慣れてきたら生徒に出題させます。好きな人物を選んでくるので，当然他の生徒は知らないトリビアを提供してもらいます。この活動のよいところは，正答が出た後もその人物について教師なり生徒が，あれこれ英語で話すことができることです。羽生結弦さんであれば「国民栄誉賞」「怪我の克服」「復興支援」など話題に事欠きません。

　正答を言う前に1つ質問をさせるのも約束事です。"Is he? Does he? Can he?" や，疑問詞を使って質問させることで「やり取りする力」「即興力」を鍛えるのがねらいです。

　活動中のマネジメント。BGMをかけると生徒の声が大きくなり，アイスブレーキングとしても大いに効果があります。解答者は立ち，正答にたどりついたら着席します。何人かに一人に，教師に向かって答えを言わせます。しかもクチパクで。そうすることで他の生徒は活動を続けることができます。生徒のクチパク「は・にゅ・う」を面白おかしく「ら・ん・にゅう」などと教師が口にすれば，困っているペアのヒントにもなるでしょう。ジャンケンに勝った方が出題するのもお約束。勝つことで英語を鍛えるチャンスを得た，という空気をつくるためです。生徒は初めの頃は，出題と決まったところで「えーっ！」とか「マジ？」とか大声で叫ぶことでしょう。その時は「ではこの活動やめますか？」と尋ねてください。「いやいや，やりましょう」と言ってくれるはずです。そして生徒は自由に英語を話すこの活動が楽しいことに気づいてくれます。継続は力なり，ですね。活動の最後に，1，2ペアに全体の前で発表させるのも忘れずに！

　「授業でやったことはテストにも出す！」これは鉄則です。4人の中から2人選んで説明文を書かせる。波及効果抜群です。

第3学年　2学期中間テスト【筆記テスト】

1　授業の最初にやっている "Guess Who!" の出題者として，次の写真の人物を説明しなさい。英文は5文以上書くこと。次の4人から2人選んで書きなさい。

バドミントン 桃田賢斗選手 の写真	＿＿＿＿＿＿＿＿＿ ＿＿＿＿＿＿＿＿＿ ＿＿＿＿＿＿＿＿＿
カルロス・ゴーン氏 の写真	
メーガンさん の写真	Guess Who テクニック !!! ・最初に This is ○○ . とイニシャルを紹介する。 ・主語にして　He is〜 She is〜 It is〜 　例）She was a .... He made .... It's one of the .... ・目的語にして　We can see him .... We use it ... 　例）We use it when it rains. I met him at .... 　　　We call her ....
アニメ主人公 の写真	さらに発展させれば ・所有格にして　His favorite〜is .... Her sister is .... さらにさらに，相手に理解してもらうために ・Medicine means "薬." みたいに， 　日本語を効果的に使うことも可能です！

Tips

　繰り返し，間違いながら上達する。何度も使わせることによって定着を！

03 「帯活動」で繰り返しのある学習活動：こうかん絵日記

「こうかん」というネーミングには，次の3つの願いが込められています。

> 1 英語で書いた日記を，4人グループのメンバーと「交換」する！
> 2 情報を共有することで，メンバーに対して「好感」をもつ！
> 3 わいわい楽しくやる「交歓」会をイメージ！

　絵日記にしたのは，生徒の遊び心を刺激するためです。絵を描くのが好きな生徒は，心が温まる素敵なイラストを描いてくれます。苦手な生徒は棒人間やシンプルなイラストでOK。スキーマとして読み取りの手助けにもなります。

　実施日は週の最初と最後の授業，最初の5分で行います。分量は3行から5行。「最低3行，できれば5行！」と生徒には呼びかけます。たくさん書いてほしいところですが，スムーズな回し読みのためには，この分量がちょうどいいと思います。家で書いてくるのが約束です。

> **週の最初**
> 「週末」の出来事について書いてきます。
> ・家族で○○に出かけた。　・○○で外食した。　・○○で買い物をした。
> ・○○の誕生日パーティをやった。　・○○を贈った。　・嬉しそうだった。
> ・テストに向けて○○時間勉強をした。　・○○と練習試合をやった。　・勝った。
> ・新しいソフトを買った。　・○○時間テレビゲームをした。　・疲れた，etc.
>
> **週の最後**
> 1週間を振り返り，学校生活や家庭でのエピソードについて書いてきます。
> ・英語のテストがあった。　・難しかった。　・お母さんに叱られた。
> ・塾に行った。　・部活動で疲れた。　・○○くんの誕生日だった。
> ・具合が悪かった。　・朝寝坊した。　・夜更かしした。　・避難訓練があった，etc.

　日記を読んだ後，生徒はその内容に対して，コメントや感想，質問などを自由に書き込みます。「突っ込み」と呼んでいます。Wow! Oh! Really? など1語で突っ込んでもよし。You went to Sendai! Oh, did you? など相づちを打ってもよし。I studied for 30 minutes. I played Mario Cart, too. など自分の情報を書くもよし。疑問詞を使って What did you buy there? How long did you played? などと書いている生徒を見ると，この活動をやっていてよかったと感動します。質問

力を鍛えます。即興力を鍛えます。

　日記は鉛筆で，コメントや質問はカラーペンで書かせています。「時計回り」で次の生徒に手渡しします。日記が自分のもとに帰って来ると，友達が何と書いてくれたか気になります。ですから，日記を書いてこなかったり，忘れてくる生徒は他の課題に比べて少ないように感じます。もし，忘れた生徒がいたら，JTE や ALT の日記を回すのも一案ですね。せっかく楽しい活動ですから，叱って雰囲気を壊したくないものです。

　何を書けばいいのかわからない生徒のために，次ページのような「お助けシート」を配るのもいいかもしれません。「○○時に起きた」「テレビゲームをした」「○○時に寝た」を繰り返す生徒も，やがては友達のコメントがほしくなり，読むに値する文章を書くようになります。「□□って英語で何て言うんですか？」などと質問してきたらしめたものです。教科書の登場人物よりずっと身近な友達の書いた英文は，生徒の心に残ること間違いなしです。

　夏休みや冬休みの長期休暇は，週2回のペースで書く課題を出します。始業式に ALT に選んでもらい，掲示物や配付物に仕上げてもらうのも一案です。定期テストにももちろん出題します。5文書いてもらいます。Accuracy と Fluency のバランスを考えて評価基準を決めます。

　私は「マイテー」という名のノートに，生徒が学習したことを練習したりまとめてくることを課しています。毎日提出するので「マイテー」です。Mighty を連想させる，お気に入りのネーミングです。それを裁断機で半分にしたものを「ハーフマイテー」，さらに半分にしたものを「クオーターマイテー」と呼んでいます。疲れていたり，やるべきことが重なってにっちもさっちもいかなかったりしている生徒の救済策です。生徒は「さすがにこれをやらなかったらダメでしょ」という気持ちになるようです。（笑）

Tips

　　質問力，即興力を鍛えるこうかん絵日記。身近な友達が創った英文は宝物！

こうかん絵日記

get up を使った表現
- I got up at seven.
- I got up early / late this morning.
- I get up at seven every morning but ....

have breakfast を使った表現
- I had serial this morning because ....
  I didn't have breakfast because ....
- I had bread and butter this morning.

go to school by bus を使った表現
- Usually I go to school by bus but today ....
- I went to school by my mother's car because ....
- I went to school by bus. In the bus ....

have lunch を使った表現
- I had curry and rice for lunch today.
  It's my favorite.
- I had lunch about one because ....

talk with my friends を使った表現
- I talked with Y after lunch. He ....
- K talked about K & P.

get home を使った表現
- I got home at ten. I had *juku* today.
- I got home early because ....

help my parents を使った表現
- I helped my mother after dinner.
  She looked very happy.

eat dinner を使った表現
- I ate *yakiniku* for dinner.
- I went to Kappazushi with my family.
- I was so sleepy, so I didn't eat dinner.

listen to music を使った表現
- I listened to YK's song this evening.
- I listened to my favorite song this evening.

play video games を使った表現
- I played Animal Crossing for an hour.
- I played basketball with my friend.

do my homework を使った表現
- I did my homework before dinner.
- I didn't do my homework.

go to bed を使った表現
- I went to bed early because ....
- I went to bed about ten.

その他 の表現
- I went fishing at Onahama with ....
- I bought a new CD at AEON mall.
- I stayed home.
- I was tired.
- In the morning I studied English.
- After lunch I watched YouTube.
- My mother went to ....
- I gave a present to my father. He looked happy.
- It was my sister's birthday, so I gave her a birthday present. She looked happy.
- I had a cold. I have a fever.

〆 (シメ) の表現
- I had a good (great, wonderful) time.
- It was fun (interesting, amazing, exciting, boring, tiring).
- I was glad (angry, sad, happy).
- I was tired (excited, surprised, interested, amazed).

毎日提出する「マイテー」

Great Summer Diaries
Class 3-2

3-2 K 君

Friday, August 13th

It's sunny.

I watched a shooting star.
It was beautiful but very very fast.
I watched the sky for a long time, but I only saw the shooting star for a very very very short time.
I was tired because I was watching the sky for a long time, but it was very nice to watch.
I saw hanabi too. It was beautiful.
I want to see a shooting star again.
I went to bed at eleven.
It was a lucky day.

3-2 A 君

I met my friend.
I had a surprise.
I went into space.
The earth was blue.
But I was tired.
I played basketball on the moon.
I studied math on the rooftop.
My friend was so funny. He is important.
Thank you my friend!

3-2 C さん

Friday, August 10th

I got up at twelve this morning.
I ate lunch at twelve thirty with my family.
I washed dishes after lunch.
At four, I slept again because I was free.
And I got up at five.
I played a mobile phone game.
Mother entered the room then, and she said, 'pay this yourself!', and she left.

3-2 K 君

Friday, August 17th
It's cloudy.

This week is Obon. Many people are coming to my home.

I went to the Bonodori on Tuesday. The Bonodori is very interesting. I ate kakigohri and yakitori. It was very delicious. I wanted to eat yakisoba, too.

Today, I watched TV and played a computer game, too. I went to bed at eleven.

3-2 M さん

Thursday, July 17th
It's rainy.

Yesterday, my sister brought me some goodies from Sendai.
She gave me some character note books. The characters were based on vegetables and they were very very cute. They were called the Oyasai Wars.
I researched them on the internet and I found out that there are many other Oyasai Wars stationery goods.

04 「スゴロク」を活用した学習活動

　場面や状況の設定に苦しんだら「スゴロク」がおすすめです。サイコロを振って，止まったところに書いてある指示は，「約束」すなわち「絶対」ですから，生徒は断るわけにいきません。「えーっ！」とか「まじ？」などと言いながらも，楽しんで参加します。扱う文法事項や文型に応じて指示を考えます。

　下のスゴロクは「3単現のs」を学習した後に，定着を図る復習として使ったものです。

　各ボックスには次のような指示があります。

- ・インタビュー大会：グループのメンバーに英語で質問します。
- ・Please say：基本文を10回言ったり，噛まずに言ったりします。
- ・Please write：ホワイトボードや黒板に，指示された文を書きます。
- ・自慢大会：友達が「おーっ！」というようなことを言わなければなりません。
- ・カミングアウト：友達や家族の情報を友達と共有します。
- ・ブラックホール：スタートにもどります！
- ・並べ替え：袋に入っているカードを正しく並べ替えます。

スゴロク

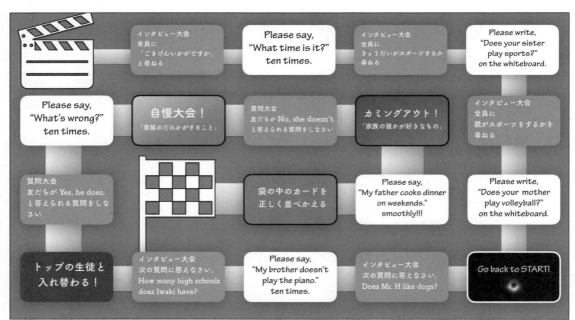

　帯活動学習として，スゴロク・スペシャル・ウィークを設定し，1週間通して最初の10分で行う場合は，制限時間を設定して，その時点でいちばん進んでいる生徒の勝ち，であるとか，ちょうどの目が出なくてもゴールを認め，できるだけ上がりやすくするなど，ローカル・ルールを生徒とともに作っていくのも一案です。「トップの生徒と入れ替わる」「ブラックホール」「カミングアウト」なども，生徒が考えてくれました。1時間たっぷり時間がとれる場合は，指示されたことができない時はスタートにもどる，5秒以内にできない時もスタートにもどる，ちょうどの目が出ないとゴールできないなど，ハードルを高くするといいでしょう。その際はゴール付近に，生徒が休み時間や家庭学習で練習してこないとなかなか達成できないタスクを用意すると，生徒は本気になって特訓してきます。「休み時間から始めていいですか？」というグループも出てきますが，くれぐれも他の教科の先生にご迷惑をかけませんように！

　複数の単元をまとめて復習する時や，学期のまとめ，学年のふり返りなど，スパンを変えても応用が効く，オールマイティな活動です。小学校の復習に使うのもいいですね。難易度もコントロールできて便利です。例えば，Please say, "What time is it?" ten times. であれば，"What time is it in London now?" と語彙を増やすことも可能であるし，"at a breath（一息で一気に）"として負荷をかけることもできます。インタビュー大会では，「プラス1」で答えることを求めれば，まさに「やり取り」感が生まれ，自然な会話を演出できます。

Tips

　万能ゲーム「スゴロク」14技能5領域，何でもあり！遊び心たっぷり。

05 「クイズ」を活用した学習活動：Who am I に挑戦！

　新教材の導入にクイズが威力を発揮します。「さあ，今日は助動詞 can の学習をします」といった押しつけ感がなく，自然に導入でき，生徒の興味・関心を引きつけることができます。では早速問題です。"OK, let's enjoy Who Am I? I am a mouse. I can speak. Who am I?" 生徒は一様に驚き，悲鳴を上げる生徒さえいます。そこで，ちょっと高めの声で "I live in Disneyland." と言うと，「なーんだ，ミッキー・マウスねっ！」となるわけです。"I am an elephant. I can fly." 生徒はもう答えたくて答えたくてたまりません。しかし，そこで答えを言わせたら終了ですから，「口ぱく」で答えを言わせ，「マンボ！惜しい！」と返せば，「違います！」と悔しがったり，大笑いしたり。

　Who Am I? What Am I? は1人称での出題なので，早い時期から導入できることが魅力です。Three（Four）-Hint Game から始めると抵抗感なく導入できます。

　プレゼンソフトやカードで blue ， robot ， pocket の3語を生徒に見せます。わかった生徒は挙手。口ぱくで解答。答えを確認して次の問題。Can の導入だったら four hints を与えて fly を入れるといいでしょう。生徒が飽きないように5問程度に抑えましょう。文法事項の導入と練習の時間を確保することを忘れてはなりません。

　生徒が慣れてきたところで，4つのキーワードから文を作るよう促します。

・blue → I am blue. Who am I?　　　※ヒントは易から難へ

・robot → I am a robot.　　　　　　※ I am robot. と間違う生徒多数。a の指導のチャンス

・pocket → I have a pocket.　　　　※ I am a pocket. ではないことはわかる。have の出番

・fly → I can fly.　　　　　　　　　※待ってました！できれば with a bamboo copter も

　ちなみに I'm blue. から始める Who Am I? は，「みーつけた」のキャラクターであるコッシー，ドラえもん，ジーニー，スティッチ，クッキーモンスター，機関車トーマスなど。

　I'm yellow. であれば，ピカチュウ，ミニオンズ，くまのプーさん（オレンジだと言う生徒もいますが），スポンジボブ，ふなっしー，などなど。ネタは検索サイト「みんなのランキング」などから。生みの苦しみを味わってこそ，冠詞，複数形，一般動詞が身につくのです。間違いこそ教師にとって財産。どんどん間違ってもらいましょう。

みんなのランキング

　口ぱくも飽きてきたところで，「答える前にクエスチョン」。Guess who! で紹介した活動で

す。ドラえもんであれば "Do you like *dorayaki*?" "Do you have a sister?" "Is Nobita your friend?" などと質問してから "You're Doraemon, right?" のように答えます。生徒が作ってくれた Avengers heroes, Disney characters, USJ characters, ジブリ作品の登場人物，などなどの質問は傑作ばかりで，本人から著作権をいただき，今も絶賛活用中です。

　違うタイプのクイズをいくつか紹介します。

【What Am I?～考えたこともなかったシリーズ～】

　I have two diferent names.

　I am a lucky number.

　When you count up, you call me *shichi*.

　When you count down, you call me *nana*.

　I have a friend. It also has two different names.

　Unfortunately, it's an unlucky number in Japan. Its sound means death.

　「左右」「東西」など和語と漢語で順序が変わるもの，「白黒」「男女」など日本語と英語で順序が変わるものを出題すると，リズムや音声に対する感性が高まります。

【What Am I?～気づかなかったシリーズ～】

　I'm a conveniencs store.

　I have two words on my sign.

　Everyone knows the upper word.

　But they don't know the lower word. I want to be your hot station.

　下の単語は STATION。セブン・イレブンの最後は小文字。これ使えます！

【Who Am I?～１文で勝負シリーズ～】

・I can change my head. Who Am I?

・I must run for my friend. Who Am I?

・I will go. Who Am I?

　上から，アンパンマン，メロス，アムロが答えです。期待される Question は，"Can you fly?" "Is your sister going to get married?" "Are you a Gundam pilot?" などです。

Tips

　最強活動「クイズ」！導入でも，まとめでも，帯活動でも，何でもアリ。

01 What do you think? What do you do?

　38年間の教員生活を振り返って，理不尽だと感じたことや，大きな勘違いをしているので直した方がいいと思ったことを，率直に（辛口で）伝えたいと思います。若いうちは先輩や上司に指導していただけますが，40，50と歳を重ねると，いつしか誰からも指摘されず，裸の王様になってしまいます。新任地に赴いた時の違和感や，若い時に感じた絶望感を忘れることなく，学び続け，常に進化する教員になるために，「確かにそうだ」「あっ，知らず知らずのうちに言っていた，やっていた」などと思い当たる節がある場合は，改善していただければ，この上ない喜びでございます。

　それでは，始まり，始まりー！

1

> 明日は研究授業。「今日の授業は，明日の授業のリハーサルです」って，
> 毎日が本番ですから。

　公開授業や研究授業を翌日に控え，黒板に「明日の研究授業をがんばる！」などと書いてあったり，校内の事前研修会で「今日のリハーサル授業では…」などと授業者が発言したりする場面に出くわすと，何だかとても悲しい気持ちになります。毎日の授業が真剣勝負なのですから。

　私は初任者の頃から進んで自分の授業を公開してきました。学校訪問，地区の英語研究会，文科省道徳研究指定校などで，英語の授業や道徳の授業を次々と。思い出せば赤面する授業ばかり。生徒に迷惑をかけてばかり。しかし，事後研究会でいただいたアドバイスは，授業を見られる恐怖を凌駕するほど貴重なものでした。そして，何より研究授業で「見られるに値する授業」「わざわざ時間をとって見に来ていただく授業」は，日頃の授業を真剣にやらなければならないというシンプルな結論にたどりついたのです。何でも言ってもらえる若いうちに，どんどん授業を見ていただいてはいかがでしょうか？

2

「勉強しろ！」って
自分は勉強していますか？

私はたまーに，生徒にこんな質問を投げかけます。

「今の自分がそのまま大人になり，医者になったとします。そのお医者さんに手術をしてほしいですか？」と。今の自分を自分自身どれだけ信じられるかを問うのです。意欲的に学習する生徒は「大丈夫！」と答え，向上欲に乏しい生徒は「やばい」「やだー」「恐ろしい！」などと答えます。

ルール違反や社会的に認められない行為をした生徒には「もし裁判官だったら，その判決に納得しますか」と。「建築家バージョン」「教師バージョン」など他にもいくつか準備しています。はじめにもどりますが，最新の医学で患者のケアに当たる医師と，昔身につけた技術で勝負する医師，どちらに診察・治療してほしいでしょうか？

最新の教授法を身につけ，生徒を理解する英語教師と，昔ながらの教授法で生徒そっちのけの英語教師，どちらに習いたいですか？

3

「生徒全然育ってねえ」って，
育てていない，の間違いでは？

職員室で，「○○って，何も学習してねえ」「全然育ってねえし」と愚痴や文句を言っている教師は周りにいませんか？練習試合や大会で「なんでできないんだ」って連呼する監督やコーチはいませんか。課題を見つけて，解決するために話し合い，練習メニュー改善に役立て，次に生かせばいいじゃないですか。高校に行っても部活動は続くし，ママさんバレーや早起き野球など，スポーツは生涯続きます。その場ですぐに成果を出そうとせず，長い目で見ていきたいものです。

生徒会役員，体育祭実行委員会，文化祭実行委員会，修学旅行実行委員会など，生徒を育てる場面や機会は数多くあります。放っておいては育ちません。

4

「言いたいことはちゃんと言え！」って，職員会議で自ら建設的な発言をしていますか？

　職員会議で話し合い，校長が決めたことに，後からグタグタ文句をつく。あまりよろしくない職員集団だと言わざるを得ません。そのような先生に限って生徒に「言いたいことはちゃんと言え」なんて言っているかもしれません。決まる前にとことん話し合い，決まったら潔く従う，そんな建設的で民主的な職場にしたいものです。

5

「なんだ，その格好は！」って，鏡でご自身の姿をご覧になっていますか？

　「ジャージが俺のユニフォームだ」と真しやかに嘯いて，生徒が制服で授業に臨んでいるのに，運動着にサンダル履きの教師を目にしたことはありませんか。「今日の集会，生徒は制服ですか，ジャージですか」「制服で」。しかし，教師はジャージ。生徒は心の中で「なんで先生たちはジャージなんだ」と思っているかもしれませんね。私は初任研の時に指導主事から「生徒は先生方のネクタイの色や柄，着ているスーツ，履いているシューズ，みんな見てますからね」と教えていただきました。以来，授業ではスーツにネクタイ，動きやすい靴，を貫いてきました。清潔感のある服装で，背筋を伸ばし，気を引き締めて教壇に立ちたいものです。

6
「なんだ，その顔は！」って，
笑顔で教室に入っていますか？

　朝起きたばかりの，むすっとした表情で教室に入っていく先生が，生徒に向かって「あいさつの声が小さいっ！」「笑顔であいさーつ！」などと言っても説得力ゼロ。常に笑顔でいろとは言いませんが，生徒の立場に立てば，鏡を見て表情チェックぐらいはしてもいいかも。

7
「大きい声で歌え！」って，
校歌は学生歌ではありません。学校の歌です。一緒に歌いましょう！

　集会や行事の「校歌斉唱」の場面を思い浮かべてください。凄い形相で「声が小さい！」とか怒鳴っている先生はいませんか。竹刀なんか持っていたりしちゃったら最悪ですね。そんな先生にはこう言ってください。「校歌は学生歌じゃありませんよ，先生。学校の歌なんですから一緒に歌いませんか」と。何が起きても責任はとれません。しかし，打破する方法はあります。誇りをもって校歌を堂々と歌うことです。恥ずかしいし照れるかもしれませんが，生徒に馬鹿にされることはありません。もし，孤立するのが怖い時には，同僚の先生や部活動の生徒のみなさんに一緒に歌ってくれるよう頼んでおくのもいいかもしれませんね。

8
「うちの学校には生徒指導ないから！」って，
生徒指導は消極的指導ばかりではありませんから。

　生徒指導＝消極的な生徒指導と思っている先生の発言です。教育現場では生徒の問題行動への対応に追われ，事後処理や事後対応というイメージがつきまといます。しかし，それだけでは問題行動は減りません。未然防止に向けた予防的，開発的なアプローチが描かせません。マイナスの状態をゼロにもどす指導は骨が折れますが，プラスの生徒をよりプラスに伸ばす指導は面白く，何よりやりがいがあります。生徒をよく理解して，自主的で自治的な活動を推進していきましょう！

改めて生徒指導の3つの機能を確認します。

・自己存在感・自己有用感を与える
・共感的人間関係を育成する
・自己決定の場を与える

教師が決めたルールに従わせることが生徒指導ではないことを肝に銘じなければなりません。

9

「卑怯なことはするな！人の悪口は言うな！」って，
職員室で生徒の悪口に花を咲かせ，同僚の噂話で盛り上がっている先生！

職員室の炉辺談話で「あいつは○○だから」「あー，□□はいつもそうですから」と生徒理解を極めたつもりで話している先生に物申します。発達障害，ＬＤ，ＡＤＨＤ，ディスレキシア…，などきちんと勉強していますか。怠惰でもなく，悪意でもなく，できないでいる生徒を，他の生徒とエヘラエヘラ笑いながらからかい，バカにすることで，いじめの免罪符を発行していることに気づかない教師は，もはや犯罪レベルであることを認識するべきです。給食のアレルギーもしかり。食べないのではなく食べられないのです。命に関わるということを忘れてはいけません。

ちなみに，生徒の悪口や同僚の噂話に巻き込まれそうになったら，携帯電話を耳に当て，「あ，どうも！」と着信を装い，「すみません，ちょっと家族から電話なので」と，その場を離れるといいかも！

10

「健康管理しっかりしろ！」って，
タバコを吸っている先生！

30年前，ある生徒から「先生って禁煙してましたよね」と，冷たーい目で言われたことがあります。誘惑に負けて，自分なりの理由をつけて喫煙を再開した矢先のことでした。続けて「先生を信じていたのに」と。辛い思い出です。それ以来タバコは吸っていません。健康によくないからやめる。それだけですね。

11

「金銭感覚が狂っている！」って，パチンコをしている先生！

ギャンブルは控えた方がいいと，経験者である私から提案します。タバコ同様，いいことはありません。生徒に正しい言動を求めつつ，自分は欲に動かされていては，説得力に欠けます。信頼を失うことはないにしても，やめればもっともっと信頼されるはずです。校門付近でタバコを吹かしながら，ギャンブルの成果を話して盛り上がっている時，メタ認知能力ゼロであることを忘れないでください。

12

自分のことを「先生は…」って言っているみなさん，1人称は「私は…」ですから。

私は生徒の前で，自分のことを「先生は」と言わないよう心がけてきました。理由はシンプルです。「対等だから」です。Part 1でも書きましたが，これからの教育においては，先生も生徒も課題解決に向かって立場は対等です。話し合う時は，自分のことは「1人称」，相手のことは「2人称」で呼び合うべきです。生徒を子ども扱いすることなく，上から目線で話すこともなくなります。建設的な話し合いの基本です。

13

ＰＴＡ総会などの会場作成時，「生徒に会場作らせます」って，生徒は家来でも部下でもありませんから。

職員室で意外と多く耳にする言葉です。100歩譲って「生徒総会」の会場ならわかります。しかし，ＰＴＡ総会なら話は変わります。生徒に手伝っていただくのが筋です。「生徒を使って」と言う教師は「生徒を自分よりも下」だと無意識に思っているのかもしれません。普段の教育活動においても，視線や口調に表れます。要注意！

14

「前から座ってください！」って，セミナーや講演会で，自ら前の座席に座っていますか。

　セミナー会場に設営してあるパイプ椅子。前方には担当の先生が「前の方から座っていただけませんか」と連呼。後ろから座る受講生に対し，仕舞いには「一度ご起立いただいて，前の方に詰めてください」と。しぶしぶ重たい腰を浮かせ，前に移動。ちょくちょく見かける光景です。生徒には見せたくない姿ですね。講師の先生に近いほど，内容もスッと頭に入ります。前から座りましょう！

15

毎日生徒に配付されるプリント。「教卓のプリント片付けろ」って，ちゃんと人数分印刷していますか。

　私の勤務校は1年から3年まで，全部で16クラスあります。生徒に渡すプリントを1枚ずつ余分に印刷すれば，16枚がムダになります。もし配付プリントが5枚なら80枚がムダ。1週間で400枚がムダ。1か月で2,000枚，1年間で約2万枚がムダになります。市内には30校以上ありますので数十万枚，県内には200校以上ありますので，数百万枚ムダになります。東北では，全国では，世界では，という話です。生徒にとっては「数学で身につけた計算能力を生かし，課題を意識する」チャンスです。今の印刷機は性能がよく，余分に印刷する必要はありません。さらには「このプリントは本当に必要なのか」も吟味した方がいいでしょう。私は積極的に印刷ミスで山積みされている紙を活用しています。生徒にムダ遣いをさせたくないのなら「隗より始めよ」ですね。

16

「職業に貴賤なし」って。
いい加減な気持ちで言っていると見抜かれますよ。

　いくつか前の職場で耳にした会話。「今度この職場に戻ってくる時は管理職かな。いや用務員だったりして。えへへへへ」。目眩がしました。こういう話をしている教師が，真顔でキャリア教育をしている。「いい学校」「主要5教科」「滑り止め」などと，生徒の心情，親やきょうだいの職業などお構いなしで口にします。すべての職業は内容や報酬にかかわらず尊いものであることを再認識し，先入観，偏見，固定観念に縛られない正しい価値観で生徒の前に立たなければなりません。

　「もっと勉強できていたら教師になんかならなかった」などと口にする方もたまに出くわしますが，論外です。職業差別以外の何物でもありません。謙遜にもなりません。私たち教師が，自分の職業に誇りをもち，生徒と真摯に向き合い，寄り添うことこそ，キャリア教育の基本なのではないでしょうか。

17

「今回の期末テストの平均点は60点。上出来，上出来」って
浮かれている先生，到達度テストと実力テスト，違いがわかりますか？

　妥当性，信頼性，波及効果，achievement, proficiency, criterion-referenced, norm-referenced, 正規分布など，もう一度勉強し直すべきです。中間テストや期末テストなどの定期テストは，授業の内容がどのくらい習得されたかを見る問題ですから，ちゃんと習得されていれば全員満点もアリです。授業で扱っていない内容を問う問題や，奇をてらった問題を出すことはやめましょう。生徒に英検，入試，定期テスト，それぞれの実施意義についてきちんと説明できるようにしておきましょう。

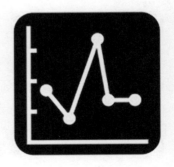

18

「子どものため」という言葉ですべてを正当化している先生。「子どもの立場で」に変えてみませんか？

何ごとも，「子どものために」という表現を使われると，反論しづらく，議論が深まる前に決まってしまう傾向があります。管理職や学年主任が発信するとなおさらです。改善するには「ために」を「立場で」に変えてみてはいかがでしょうか？「子どものため」よりは「子どもの立場」で考え直せば，子どもが本当に望んでいるかどうかがわかりやすくなるはずです。セブン＆アイ・ホールディングス CEO 鈴木敏文さんが言っています。「『お客様のために』とは多くの場合「売り手の立場で」考えた上でのことであり，そこには過去の経験をもとにした，お客様に対する思い込みや決めつけがあります。これに対して『お客様の立場で』考える時には，売り手としての立場や過去の経験を否定しなければいけないということ，要は自分たちのこれまでの仕事のやり方を変えるところまで踏み込んで考え直さないといけません。そして『お客様のために』と考えるもう1つの問題は『お客様のために』と言いながら自分たちのできる範囲や今ある仕組みの範囲で考え，行動しているにすぎないケースが多い」と。お客様を生徒に，売り手を教師に置き換えるとわかりやすいですよね。生徒が満足するサービスを提供し続けるのが教師の仕事です。

ただし，良かれと思って仕事を増やさないようご用心を！新しいことをやる時はスクラップ・アンド・ビルド。ビルド・アンド・ビルドでは身体がもちませんよ。

19

「あのー」という言葉を連発している先生，自分のくせに気づいていますか？

なくて七癖，あって四十八癖，と言います。自分では気づかない話し方や行動の癖。

「逆に言うと…」と言いながらまるで逆になっていない同僚がいました。「裏」にも「対偶」にもなっていません。ただの口癖です。別の同僚は「結論から言うと…」と言って，まったく結論になっていないのです。そのキーワードが笑えて，話の内容が頭に入ってこないのが常でした。また，ある同僚は集会や放送で話す時に「あのー」を連発し，生徒は回数を数えるという始末。「基本的に」と連発して，話がまるで的を射ていない同僚もいました。黒板の消し方，机間指導の際の歩き方，メガネのかけはずし，等々，数え上げればキリがありません。

　私は研究授業の協議会で、「ポケットに手を入れて話すのはいかがなものか」とご指摘をうけました。自分では全く気づいていませんでした。返す言葉もありませんでした。その時、「自分の授業を録画してはどうか」というアドバイスをいただきました。自分の授業を録画して眺めることは、顔から火が出るくらい恥ずかしいことでした。しかし、続けているうちになれるものです。ビデオがなければボイスレコーダーでもいいと思います。英語の部屋があれば、常時設置しておくことをおすすめします。話すスピードが速い、生徒の発言を拾っていない、指名が偏っている、全く発言しない生徒がいる、説明がくどい、わかりにくいなどなど、授業改善に役立つ情報がぎっしりつまっています。もちろん、発問がいい、姿勢がいい、発声がいいなど、自分の個性やいいところも発見できます。

　自分の授業をよりよいものにする方法はいくつもあるでしょう。いちばんのおすすめは「互見」です。仲のよい同僚、学年主任、管理職に、まず自分の授業を見てもらいましょう。いただけるアドバイスは一生の宝です。いや、大げさではなくて。それはちょっと、と思うなら、まず、撮影から始めて見ませんか？カメラ、三脚ゲーット！

　2020年にちなんで、20番目のつぶやきで締めたいと思います。

20

「君子豹変　小人革面」

　人と出会い、本と出会い、多くを学び、「今のままではいけない」と思ったら、明日からすぐ変えましょう。変わりましょう。理念、信念、プライド、体裁、照れ…、変わることを妨げるものは数多くあります。「何が不易で、何が流行か」を見極め、「何をスクラップし、何をビルドするか」悩み苦しむ日々。それが私たちの仕事です。「やってみる価値がありそうだ」「面白そうだ」「生徒が気に入ってくれそうだ」「いい方向に向かうかもしれない」などと少しでも思えたら、始めませんか。

　生徒の名前に「～さん」をつけて呼ぶ、自ら率先して言語環境を良くする、教室に入る前に口角を上げる、ドレスコードを見直す、背筋を伸ばして歩くなど、考え方ひとつですぐできることや、月○冊の本を読む、月○円貯金する、フィットネスクラブに通う、タバコをやめる、など多少の決意が必要なものもあるでしょう。宿題について考え直す、学習障害や発達障害について学び直し、生徒への向き合い方を変える、授業スタイルを変える、など少なからず努力の要るものもあります。勇気をもって豹変すれば、仕事に対する見方、考え方がポジティブになり、やり甲斐を感じることができるでしょう。さあ！明日からと言わず今日から!!!

Column
授業づくりで大切にしている5つのこと

（畑中　豊編）

1　「他人事」を「自分事」に

共感できる感性と想像力を生徒に身につけさせる授業づくり。

2　「わかる授業」から「残る授業」へ

生徒が感動し，自ら学びたくなる授業づくり。

3　「理解」は一発で。「定着」は繰り返しの中で

理解は（くどい）繰り返しの中で！定着は（脅しの）一発で！のような授業からの脱却。

4　「持久力」と「瞬発力」

ネガティブ・ケイパビリティとレジリエンスを育成する授業づくり。

5　授業検証は「5つのション」

Motivation, Impression, Comprehension, Repetition, Variation　豊富な授業づくり。

▶▶ Postface　おわりに

　4人の共著は，いかがでしたでしょうか。本書の企画は，単純に「4人で本を書いたらどうなるかな」という"思い"から生まれたものであり，その瞬間，私たちの"夢"となりました。たまたま4人（畑中・大塚・胡子・瀧沢）が一緒になった場で，持ち上がったのが，書籍共著の話です。楽しいことが好きな私は，4人が，それぞれの立場で原稿を執筆するとどうなるか想像するとワクワクし，ぜひ実現したい！という気持ちになりました。

　しかし，"思い"や"夢"というのは，思っているだけでは実現しません。実現するためには，何より動き出さなくてはいけません。ここで，思い立ったが吉日（Strike while the iron is hot.）。夢に向かって一歩踏み出したというわけです。お蔭様で，4人の個性がそれぞれ様々な角度から思いや実践を語り，変化のある1冊に仕上がったことと思います。

　さて，2020年度から，小学校で新教育課程が始まりました。今まで英語の学習は中学校で始まっていましたが，これからは小学校がスタートです。小学校の英語教育を熟知し，上手に接続させていくことが，今後，中学校の英語教師に求められるでしょう。

　中学校は2021年度から新しい教育課程が始まります。英語の授業時間数は今までと変わらないものの，語彙数の増加（1600～1800語），新文法（現在完了進行形，仮定法，感嘆文等）の登場，育成する資質・能力の明確化，学習評価の充実など，新しい教育に向け，多くの点で，変革の時期と言えます。しかしその一方，教育には，変わらない大事な部分（＝不易）もあります。今回の学習指導要領では，「言語活動を通して」が1つの重要なキーワードになっていますが，実は，今に始まったことではありません。

　文法は，聞くこと，話すこと，読むことおよび書くことの中で指導し，ある期間の終りごろに既習の文法事項を整理させることなどは必要である。

「第9節　外国語」『中学校学習指導要領』文部省，1958

　これは，昭和33年の学習指導要領の中にある文章です。「学習指導の指針」という中で，既に62年も前に「文法指導は言語活動を通して行う」という指針を文部省（現文部科学省）は出しているのです。大事なことはいつの時代も残るのです。流行に惑わされないよう，不易の部分をしっかり見つめ，何を残していくかを考え，次世代につないでいきましょう。

　本書がそのような意味で，思いや考えが，次世代に残っていきますよう期待するとともに，先生方の実践のヒントとなりますことを期待します。

　最後に，いつもこのような企画のアイデアを形にしてくださる明治図書出版の木山麻衣子さん，そして，本書を手にしてくださる全国の英語の先生方，ありがとうございます。よりよい教育を行っていくためにも，常に前を向いた実践研究，実証研究をしていきましょう。

　さて，終わりは始めなり。次の企画は何かな？

2020年10月

瀧沢広人

【著者紹介】

瀧沢　広人（たきざわ　ひろと）
岐阜大学教育学部准教授
＊担当　Chapter 1

大塚　謙二（おおつか　けんじ）
北海道厚真町立厚南中学校教諭
＊担当　Chapter 2

胡子　美由紀（えびす　みゆき）
広島県広島市立古田中学校教諭
＊担当　Chapter 3

畑中　豊（はたなか　ゆたか）
福島県いわき市立内郷第一中学校教諭
＊担当　Chapter 4

奥付イラスト　かみおさなえ

目指せ！英語授業の達人 38
4達人に学ぶ！究極の英語授業づくり＆活動アイデア

2020年11月初版第1刷刊　　©著　者　　瀧沢広人・大塚謙二
2022年1月初版第5刷刊　　　　　　　　　胡子美由紀・畑中　豊
　　　　　　　　　　　　発行者　藤　原　光　政
　　　　　　　　　　　　発行所　明治図書出版株式会社
　　　　　　　　　　　　　　　　http://www.meijitosho.co.jp
　　　　　　　　　　　　（企画）木山麻衣子（校正）有海有理
　　　　　　　　　　　　〒114-0023　東京都北区滝野川7-46-1
　　　　　　　　　　　　振替00160-5-151318　電話03(5907)6702
　　　　　　　　　　　　ご注文窓口　電話03(5907)6668

＊検印省略　　　　　　　組版所　藤　原　印　刷　株　式　会　社

本書の無断コピーは，著作権・出版権にふれます。ご注意ください。

Printed in Japan　　　　　　ISBN978-4-18-382510-0
もれなくクーポンがもらえる！読者アンケートはこちらから